世界インフレと日本経済の未来

超円安時代を生き抜く経済学講義

Motoshige Itoh
伊藤　元重

PHP
Business Shinsho

PHPビジネス新書

はじめに

この数年の経済の動きを整理することは難しい。頭の中を整理する間もないうちに、次の新しい動きが出てくる。コロナ危機によって変わりつつある人々の行動パターンや働き方。長引いたデフレが終焉し、突然のインフレ時代への突入。地政学的なリスクの高まりで、大きく変容しようとしているグローバル経済。世界的な関心の高まりの中で気候変動問題への対応に苦慮している企業。

「事実は小説より奇なり」とは、若い頃何となく見ていたテレビ番組で使われていた表現だが、最近の経済の動きは、経済学の文献を読むこと以上に教えられることが多い。現実の動きから教えられることがあまりにも多いのだ。

それでも経済学者を続けてきた私のような者にとっては、これまで長い期間読み続けてきた経済学の論文や書籍が最大の拠り所となる。円ドルレートの動きを実質と名目で読み分ける。気候変動問題という壮大な市場の失敗を解決するには、市場の力を借りるしかない。マクロ経済政策のあるべき姿は、金融政策と財政政策のポリシーミックスの視点で考えることが有効である。

これまで日本では20年以上もデフレが続いていた。物価や賃金は低迷を続け、金利も史上最低の水準になっていた。それが今や、日本の物価は上昇を続けている。

それでも世界に比べれば、日本の物価上昇のスピードはまだ緩《ゆる》やかなものである。欧米では40年ぶりの高いインフレ率を経験している。そうした流れが日本にも広がってきている。物価や賃金が上昇を続けるような動きが広がれば、日本では20年ぶりの動きということになる。金利の動きも気になる。

また、グローバル経済も、大きな転換を迎えようとしている。米中の分断は厳しさを増す一方である。地政学的リスクはグローバル経済の構造にも大きな影響をもたらしている。

ロシアのウクライナ侵攻は、地政学的リスクが顕在化することで、経済が激変することを痛感させた。エネルギーや食料品の価格が高騰して、インフレの動きを強めた。欧州諸国は、ロシア産の石油や天然ガスに過度に依存した経済構造の脆弱《ぜいじゃく》性に苦しんでいる。食料価格の高騰は、アフリカなど低所得国の人々の生活を脅かす危機につながりかねない。

いうなれば、物価も賃金も上がらなかった過去20年にわたる「停滞と安定」の時代が突如として終わりを告げ、「変化と不確実性」の時代へと移行しつつある――。それが今の日本経済の状況なのである。

本書では、こうした大きな変化の構造を、経済の視点から分析する。

例えば、為替レートは安定している時には気にならない存在であるが、急速な円安が進むことで、さまざまな問題意識が生まれる。

なぜこんなに急速に為替レートが動くのか。超円安になったことで日本全体が安くなったと言われるが、それはどういうことなのか。為替レートが動くことで企業の業績にどのような影響があるのだろうか。そもそも、私たちにとって円安と円高のどちらの方がよいのだろうか。色々な疑問が思い浮かぶ。

為替レートが大きく変化することで、色々な疑問を持った人も多いだろう。その疑問への答えを考えることが、経済への理解を深めるよい機会となる。

また、為替レートについて考えることは、金融政策、グローバル化、企業の経営課題など、色々な問題に関心を広げることになる。経済ではさまざまな要素がつながっており、為替レートはそうした中でも重要な存在であるからだ。

このように為替レート一つとっても、それを経済の視点を通じてさまざまな角度から考えることで、次第に理解が深まり、その問題や課題の本質へと近づいていく。こうした考察を深める中で、日本経済の停滞が叫ばれる「変化と不確実性」の時代であっても、「勝機」を摑めるだろう。

本書では、こうした大きな変化の構造を、どんな経済の視点から捉えるか、その結果、どんな示唆が得られるかについて、多種多様な考察を収録している。本書を手に取った方々が、世界と日本経済が今度どうなっていくのか、それを理解する一助になれば幸いである。

最後に本書の構成について、お話ししておきたい。

最近の私の思考の場の一つは、新聞などに書いている1000字程度のコラムである。1000字程度とは言っても、平均すると週に2本くらいのペースで書いているので、常に次の原稿のことを考えている。1000字のコラムというのはなかなか厄介な作業だ。学術論文のようなことは書けないが、それでも新しい視点を提供しなくてはいけない。限られたスペースでしかも読みやすい形でまとめるためには、それなりの苦労がある。そうした作業を毎週行っていると、いつの間にか頭の中は整理され、新たな問題意識も醸成される。

この本の第2章以降にあるのは、このような形で新聞などに投稿してきた原稿である。そして第1章はそうした日々の思考の営みを整理し、読者の皆さんに最近の経済の動きを理解してもらうためのお役に立てるよう、書き下ろしたものである。

このような形で書籍をまとめる上で、ＰＨＰ研究所の宮脇崇広氏にお世話になった。この場をお借りしてお礼を申し上げたい。

２０２３年１月

伊藤元重

世界インフレと日本経済の未来　目次

第1章　転換期にある日本経済

第2章 低迷する日本経済の成長戦略

第3章 進行する円安・インフレ ――「安い日本」への処方箋――

第4章

日本人の給料と働き方はどうなるのか？

第5章

世界情勢から読み解く「グローバル経済の現在地」

第6章

社会を一変させる「デジタル化・新サービス」

第7章

気候変動問題を解決するグリーン・エコノミー

第1章

転換期にある日本経済

「円安」から探る日本経済の構造

まずは円安を切り口に、現在の日本経済の状況について考察してみよう。私たちは、通常、円ドルレートで円高や円安を論じることが多い。

アベノミクスが始まる少し前までは、円ドルレートは1ドル＝80円を切るような円高の状態が続いた。円高であれば、日本の国内生産コストのドル換算の金額は高くなる。自動車のような輸出企業にとっては厳しい経済環境である。輸出業種を中心とした日本の産業界は、この過度な円高を是正するよう政府に求めていた。

２０１２年末から始まる安倍政権の下でのアベノミクスは、こうした円高是正の声に応えるものであった。新たに任命された黒田東彦《はるひこ》日銀総裁での大胆な金融緩和によって、円ドルレートは円安方向に動いた。一時は１２０円を超えるような円安になったが、その後は１１０円前後を中心に推移した。円高に苦しんでいた産業界にとっては、心地よい為替レート水準であった。輸出企業を中心に業績の回復が続き、アベノミクスは産業界からは歓迎された。

驚くべきことは、２０２１年の夏頃まで10年近く、円ドルレートが１１０円前後で推移したことだ。多くの人は為替レートは動かないものと考えるようになっていた。実はこの10年を見ると円ドルレート以外にも動かなかったものがいくつかある。その代表が物価と賃金だ。デフレが続いていたということもあり、物価も賃金も、10年間ほとんど動かなかった。そしてもう一つ動かなかったものが金利だ。ほぼゼロ％に張り付いた状態で超低金利が続いたのだ。

２０２１年の夏ぐらいから、突如、円ドルレートが大きく動き始める。21年8月に１１０円であった円ドルレートは、その年末には１１５円まで円安に動き、翌年6月には１３５円、10月には１５０円近くまで円安が進んだ。10年近く１１０円前後で動かなかった円ドルレートが突如、大幅な円安となったのだ。

こうした動きは、米国における金利の変化と連動している。21年の夏頃から米国のインフレは激しさを増していた。米国の中央銀行であるＦＲＢ（連邦準備委員会）は、インフレ対策として急速に政策金利を引き上げ始めた。日米の金利差が開き始め、これが円ドルレートを円安方向に動かしていった。当然、金利が上昇している米国の通貨ドルは、他の通貨に対してもドル高になっていった。円安であると同時に、ドル高の流れが続いたのだ。

為替レートは、各国のマクロ経済の変化に敏感に反応して動く。この10年近く、日米でデフレ傾向が続いたことが、円ドルレートを110円前後で安定させていた背景にあった。21年頃から米国でインフレが激しくなり、それが日米の金利差を拡大させ、円ドルレートが円安方向に動かした。

円ドルレートが金利差に反応するという意味では、22年の12月の出来事も興味深い。これまで頑なに長期金利（10年物国債の利回り）を0・25％という低い水準に抑え込んでいた日本銀行が、これを0・5％まで容認するという姿勢に転じた。市場の金利は上昇を始めた。日米の金利差という意味では、それが縮まる動きになった。その影響で、円ドルレートは一気に円高方向に動き、翌年の年初には130円を切る水準にまで戻った。

円ドルレートの今後の動きを予想することは難しい。ただ、円レートが大きく動くことで、世の中の為替レートへの関心が大きく高まった。なぜ超円安になったのか、超円安が日本経済にもたらす影響は、そして今後どのような動きが予想されるのか。世の中で広がっているこうした議論を追いながら、為替レートと日本経済の関係についてもう少し詳しく論じてみたい。

■本当はもっと前から円安は進行していた

２０１３年から９年間、円ドルレートは１１０円前後で安定していたと言った。しかし、実はこの間にも、円安の動きは着実に進行していた。円という通貨の真の実力を測るためには、表面的な円ドルレートのような為替レートだけでなく、その背後にある日本や米国の物価や賃金の動きを見なくてはいけない。後で説明するが、円レートを名目値ではなく実質値で評価する必要があるのだ。

過去20年以上、日本ではデフレ状態が続いた。つまりこの間に、日本の物価や賃金は上昇していない。一方で、米国では物価や賃金は２％程度は上がっていた。２０１３年から２０２２年までの９年間で見ると、日米の賃金や物価の上昇率で毎年２％差があることを９年分累積すると、19・５％という計算になる。つまり、この間に円ドルレートが変化していなくても、日本の賃金や物価は米国に比べて19・５％相対的に安くなっている。それだけ円の実力は下がっているのだ。

　実際に、日本では20年近くもデフレであった。２０００年頃から２０２０年にかけて、日本の物価や賃金は全く増加していない。詳しく言えば、アベノミクスが始まる２０１２年末頃までは物価や賃金は下がり続け、その後アベノミクスの成果で、少しは物価や賃金が上昇を始めた。ただ両方をならせば、この20年ほどの間で物価や賃金が全く上がっていないということだ。米国ではこの間も年率２％程度は物価や賃金が上がっているので、20年累計すれば、48％上昇したことになる。日本のデフレの結果、日本の物価や賃金が米国に大きく差をつけられている。これは円の実力が落ちたということであり、実質的な円レートが安くなっているということだ。

　日本の人が海外に行くと、全ての物やサービスが非常に高く感じる。海外の人が日本に来ると、全てを非常に安く感じる。日本人の所得は海外に比べて見劣りする。こうした話は１ドル＝１４０円という超円安の時期に言われたことなので、名目の円ドルレートがその全ての原因のように考えられがちだ。しかし、現実はこの20年、日本がずっとデフレであったことが、日本の物価や賃金を安いものにし、それが実質的な円安を生み出している。次に説明するように、こうした円安の状況を把握する有効な指標が、実質実効為替レートである。

■実質実効為替レートから「円安」を検証する

「為替レートを名目で見るのは素人《しろうと》。プロなら実質で見なくてはいけない」。大学で教えていた時、授業でよくこういう話をしたものだ。

円ドルレートや円ユーロレートなど、日々の報道で出てくるのは名目レートだ。そうした数値に問題があるわけではない。ただ、その数字だけに振り回されるのではなく、物価や賃金などの動きにも目を配った、実質レートに注目すべきであるのだ。大学で経済学を学んだ「プロ」なら、そうした思考が必要であるという考えを学生たちに伝えたかった。

円ドルレートだけで、円の実力を測るのには二つの問題がある。一つは、ドルだけが通貨ではない。ユーロも人民元《じんみんげん》も豪ドルもある。円レートを正しく測るためには、こうした多様な通貨と円との間の為替レートの動きを平均化して見る必要がある。これが実効為替レートという考え方だ。

もう一つは実質化の問題だ。前の項で述べたが、円の真の実力を見るためには、名目の為替レートだけでなく、物価や賃金などの動きも考慮に入れなくてはいけない。物価と賃金は同じような動きをするので、ここでは物価を問題にすることにしたい。一般的に日本の物価が高くなるほど、円の実力は高くなると考えてよい。この20年ほどの動きであれば、デフレの結果、日本の物価は米国や欧州などに比べて上がっていないので、その分だけ円の実力は相対的に下がっているといってよい。

このようにさまざまな通貨と円の間の為替レートの動きを平均化し、それに日本と諸外国の物価の動きの違いを考慮に入れた指標を、実質実効為替レートと呼ぶ。専門家による経済分析では、この実質実効為替レートがよく使われる。そしてそれは、円の実力を示している。実質実効為替レートを見ることで、円高や円安がどこまで進行しているのかがわかる。

実質実効為替レートは指数の形で表される。手元にある日本銀行のデータでは、2010年のレートを基準として100としてある。このデータでは、近年で最も実質実効為替レートが円安になったのは、2022年の10月で57・26となっている。つまり、2010年から2022年にかけて、実質実効為替レートで測った円レートの価値は57・26%まで円安になったことを示している。この12年の間におおよそ半分まで円安になったことになる。

すでに述べたように、22年の10月には円ドルレートは150円まで円安になっている。この名目レートの変化が実質実効為替レートでの円安にも相当反映されている。ただ、過去20年以上もデフレで日本の物価や賃金が上がらなかったことも実質実効為替レートの円安の原因でもある。

ちなみに円ドルレートの急激な円安への動きが起きる前の21年8月段階では、円ドルレートはまだ110円であった。それでも実質実効レートは71・09というかなりの円安であった（基準の2010年よりも30％も低い水準だ）。見かけの名目レートの動き以上に実質では円安になっていることがわかる。この先、何らかの動きがあって円ドルレートが110円まで戻ったとしても、円安という事実は変わらないということだ。

実質実効為替レートが、真の円の価値（実力）を表している。それが過去どのような動きを示しているか、振り返って見ることには価値がある。円の実力は日本経済の発展の段階と密接な関係があるようだ。戦後、多少の変動はあったが、円レート（以下では円の実質実効為替レートを略してこう呼ぶ）は一貫して円高方向に動いていった。1971年までは円ドルレートは360円に固定されており、他の主要な通貨もドルに対して為替レートを固定していたので、円の名目レートの変化はなかった。ただ、この時期は日本の高度経済成長の時期であり、日本の物価や賃金は諸外国よりも高い率で増加していった。これが円レートを実質で円高に持っていく動きとなったのだ。

１９７３年に３６０円レートが崩れてからは、円ドルレートなどの名目レートが円高方向に動き始めた。１９９５年には円ドルレートは１００円を切るような円高にまでなった。

実は円レートが戦後最高の円高になったのが、１９９５年であった。１５０・84という水準である。この辺りが円の実力のピークである。日本経済としてもバブルが崩壊して、右肩上がりの時代が終わったと言われた頃だ。22年10月の円レートが57・26であったので、頂点の95年から見て、円レートは3分の1近くにまで下がってしまったことになる。

最も、１５０円近くまで下がった円ドルレートの動きは少し行き過ぎだったとすると、円ドルレートはもう少し円高に戻る可能性ある。実際、22年の年末の日銀の金融政策の微調整で円ドルレートは１３０円台の前半まで戻っている。この後の円ドルレートの動きを予想することは難しいが、すでに述べたように仮に１１０円まで戻ったとしても、円レートは依然として相当な円安であると言える。

■大きく下落した日本円の購買力

円レートがピークの１９９５年に比べて大幅な円安になっているということは、名目では円ドルレートの変動の影響もあるが、基本的には構造的な変化の結果と考えるべきだろう。１９９０年代に比べて現在の円が大幅に安値になっているという構造は、しばらくは変わらないと考えるべきだ。

では、円安によって私たちの生活にどのような影響が及んでいるのだろうか。円安であるということは、円の購買力が落ちているということだ。国際的に見て、（円で支払われる）私たちの所得が低くなり、日本企業の価値が下がり、日本の不動産の価値が下がる。逆の見方をすれば、海外の所得が相対的に高くなり、海外の企業の価値が上がり、海外の不動産が高くなる。

こうした点はいくつかの事実で確認できる。この20年で見ると、海外の主要国に比べて日本の勤労者の所得の伸びは鈍くなっている。日本の勤労者の所得の伸びが鈍いのには二つの背景がある。一つは、円で評価された所得が伸びていないということ、そしてもう一つはドルなどに対して円安が進むことで、日本の円建てで評価した所得がドルなどに換算すると安くなるということだ。実質実効為替レートは、この二つの動きの両方を捉えたものだ。

マスコミでの報道を見ると、安くなった日本の所得に関するショッキングなレポートがたくさん報道されている。日本の大卒の初任給はニューヨーク市の最低賃金より安い。タイやフィリピンの管理職の給与は日本企業の同等のポストの人より高い。日本人の給与水準は韓国よりも低い。こうした話は為替レートの動きに影響を受けるものであるので、円ドルレートが円高方向に向かえば是正される部分もある。ただ、日本の所得が安くなったという基本構造は変わらない。

給与所得よりもより広く捉えた所得に近い数値はＧＤＰ（国内総生産）であり、それを人口で割った一人当たりのＧＤＰが、その国の豊かさの指標としてよく利用される。この数値で見ると、２０００年には日本はルクセンブルクに次いで世界で第2位であったが、２０２１年には20位にまで落ち込んでいる。

こうした諸々の指標が意味することは、日本の所得や購買力が弱くなっているということだ。だから、日本人が海外に出て行くと、全てのものが非常に高く感じる。円の購買力が落ちているのだから当然である。

ただ、こうした現象が円安によって起きているというように、為替レートとの因果関係で見ることは正しくない。この本の中で取り上げているさまざまな要因によって、結果的に円安も日本の所得の相対的な低下も起きている。円安を是正することで所得を上げることができるというような単純な話ではなく、日本経済の構造的改革という、もっと本質的な課題に取り組まなくてはいけない。

■円安は日本にとって好ましいことなのか

日本にとって円安と円高のどちらの方が好ましいのか？　こうした疑問を持つ人も多いだろうが、この疑問は意味がない。円安も円高も色々な経済要因の結果であり、なぜ円安にあるいは円高になったのか、その原因が重要であるからだ。

ただ、円安や円高の是非について、一つ言えることがある。後で説明するように、為替レートは金融政策などマクロ経済変動に敏感に反応する。実質実効為替レートは基本的に構造的な要因によって動くものだが、それに加えて名目レートはマクロ的な変動の影響を大きく受ける。その結果、構造的な条件に比べて、行き過ぎた円安や行き過ぎた円高になることがある。こうした行き過ぎた状況は経済にとって好ましいものではない。

2022年の年末に円ドルレートが150円にまでなったのは、明らかに行き過ぎた円安であった。このような過度な円安がしばらく続くことで、原材料や製品を輸入に頼っている企業は大きな損失を出す。企業の存続に関わることもあるだろう。政府が為替介入によって為替レートの動きをコントロールすることは容易ではない。それでも過剰な円安を回避したいというメッセージを政府が出すのは、為替レートの過度な変動を避けようという意図があるからだ。

最も、円安になることは全ての人にとって悪いことでもない。海外市場で商品を売っている企業の業績は円安によって改善する傾向が強い。海外に輸出する場合には円安で輸出コストが下がり、海外での競争を有利に展開できる。海外で生産して売る場合にも、海外で上げたドル建てなどの利益を円換算すると、円建ての利益が上がるからだ。

また、インバウンド関連のビジネスにとっても、円安はより多くの海外からの旅行者を取り込むきっかけにもなる。コロナ禍で苦しんできた観光業界にとっては円安のメリットは大きいだろう。

円安は海外から入ってくる輸入品の価格の日本での価格を引き上げる効果もある。資源や食料の価格が典型だ。これはこうした輸入品を原料とする日本企業にとっては大きな負担である。ただ、デフレからの脱却ができずに苦しんできた日本経済にとって、デフレ脱却の可能性を高めることにもつながる。過度な円安は日本のデフレ体質を変える一つのきっかけとなるかもしれない。

■円安のダイナミクス

２０２２年の年初までは１１０円から１１５円ぐらいの水準で10年近くも推移していた円ドルレートが、それから10ヶ月弱で１５０円まで急速に円安に進み、それからまた２ヶ月弱で１３０円台の前半まで戻った。この先、円ドルレートの動きがどうなるのか予想することは難しいが、２０２２年は、なぜ為替レートは激しい動きを見せたのだろうか。また、それ以前の10年は、なぜ為替レートはあれほど安定的であったのだろうか。

こうした質問に答えることは難しい。そもそも22年にこれほど為替レートが大幅に動くことを予想した人はほとんどいなかった。だから突然の動きにマーケットは動揺したのだ。

変化が起きた背景には、米国でのインフレの動きがある。コロナ禍での需要の縮小への反動（リバウンド）で、米国では需給のギャップが多くの分野で起きた。リバウンドで需要が急回復する一方で、供給がすぐに戻らなかった。こうした需給ギャップが特に激しかったのが労働市場で、米国の賃金が上昇を始めた。また、２０２２年に入るとロシアのウクライナへの侵攻が起き、これがエネルギーや食料の価格をさらに引き上げた。

米国の中央銀行であるＦＲＢは、インフレ対策のために、政策金利の引き上げを始めた。それ以前はデフレ的な状況への対応で金融は緩和姿勢を強くしていたのが、急激な姿勢の変化である。こうした変化を受け、米国での市場金利も上昇を始めた。一方の日本では、日本銀行は金融緩和の姿勢を崩そうとしなかった。その背景については後で述べるが、日本の市場金利はゼロ％近くで維持されてきた。

長期金利の代表的な指標である10年物の米国債の金利は、21年の年初は１％前後であったが、22年10月には４％を超える水準になった。この間、日本の10年物国債の利回りは０％近くに張り付いていた。日本銀行は０・25％を上限として10年物国債の利回りを抑え込むイールドカーブ・コントロールを呼ばれる政策を展開していた。結果的にこの間に日米の金利差は１％から４％に開くことになり、これが急速な円安（ドル高）をもたらす結果になった。

日米の金利差が広がればなぜ円安（ドル高）になるのか、厳密に言うとその説明は決して単純ではない。ただ、ここではより高い金利であるドルの方向に資金が動こうとするので、結果的にドル高（円安）になっていると理解すればよい。ただ、為替レートのダイナミクス（動学的な動き）をさらに深く考えてもらうため、この円安の動きについてもう少し考察を進めてみたい。

■金利相場という考え方

円ドルで金利差が開けば、円安（ドル高）の方向に為替レートが動く。これはよいとしても、それでは金利差が１％開けば、どれだけ円安になるといえるのか。実際に起きたように、金利差が１％なら１１０円で、４％なら１４０円台。これには何か根拠があるのだろうか。

ここから先は少し混みいった経済学の議論になるので、「」で区切った解説の後まで飛んでもよい。だが、為替レートのダイナミクスに関心がある読者には是非読んでほしい。

「経済学でよく使われる議論では、金利差にそれが続く年数をかけた数字が為替レートの動きを決めるというものがある。例えば、これから1年間だけ、ドル金利が円金利より1％高い状況が続くとしてみよう。すると、この1年間で円ドルの金利差1％をちょうど打ち消すように円ドルレートが1年で1％分だけ円高の方向に動けば、円に資金を投じてもドルに資金を投じても期待リターンは等しくなる。これを経済学ではアンカバー（カバーなし）の裁定式と呼ぶ。

為替レートのダイナミクスを決めるためには、金利以外のファンダメンタルズ（基本的条件）に基づく均衡レートを想定する必要がある。これが例えば110円であったとしてみよう。長期的にこの水準に収斂《しゅうれん》すると考えられる為替レートだ。現実にもこの水準で10年近く安定したので、110円という想定はそんなに悪くない。

ここで円ドルで1％ドルの方が金利が高ければ、1年間でドルが1％安くなって、110円に収斂すれば円資金に投資するのと、ドル資金に投資するので、同等の利益をもたらす。110円の1％というとおおよそ1円になる。つまり金利差が1％開いてその状態が1年続くとすれば、金利差が開いた瞬間に円ドルレートが111円にまでドル高（円安）になって、1年かけて110円までドル安（円高）の方向に動けばよいことになる。

この理論によれば、1％の金利差は1円分の円安の動きしか説明することができない。それでは、4％の金利差があれば、どこまで円安に調整することを説明できるだろうか。110円の4％というと、おおよそ4・5円である。もし金利差が突然4％まで広がり、それが1年間続くとすると、円ドルレートは114・5円まで円安に調整し、それから1年かけて110円の方向に戻るという動きになる。とても140円への動きを説明できるものではない。

そこで、4％の金利差がもう少し長く続くと想定してみよう。仮に4％の金利差が6年続くとする。その場合は円ドルレートが6年間にわたって毎年4％ずつドル安に動き続けることで、毎年の4％の金利差を為替レートの変化で帳消しすることになる。6年間こうした調整を続けて6年後に110円に収斂するためには、現在の為替レートは139円に近いところまで円安に動く必要がある。現実に起きた円ドルレートの動きに近い規模ではある。」

右で説明した（「」で括った部分）の話を総括すると次のようになる。金利差4％で110円から140円まで円安（ドル高）になることを理論的に説明するには、この金利差が6年程度続くと想定しなくてはならない。この想定は現実的であろうか。

現実の為替レートが理論で説明されるように動くわけではない。ただ、この理論は重要な示唆を提示している。それは金利差と同時に、その金利差の状況がどの程度続くのかということが為替レートの動きを決める上で重要な意味を持つ。140円というような超円安は6年以上、4％程度の金利差が続く、という想定が崩れれば、円ドルレートにも大きな影響が及ぶ。米国でのこの先の金利動向の変化の見通し、そしてこの後で取り上げる日本銀行の金融政策環境の変化などが、円ドルレートに及ぼす要因として注目すべきだ。

■為替レート理論の「ファッション化」が起きている？

為替レートの動きを合理的な論理だけで説明しようとするのには無理がある。そのことを興味深い形で説明したのが、経済学者ジョン・メイナード・ケインズによる美人投票の例えだ。

美人投票とは、何人かの候補の中から自分が一番美人だと思う人の名前を記して投票するゲームだ。記名投票だから、誰がどの人に票を投じたかは明らかにされる。そうして投票の結果、一番多くの票を集めた人に票を投じた人たちに賞金が配られる。人気投票ゲームのようなものだ。

このゲームに勝つには、自分が美人と思う人に投票するのではダメだろう。参加者が投票するだろう人に自分も投票するのがよい。つまり勝ち馬になりそうな候補に投票をするのだ。為替レートの市場ではこの美人投票が行われている。皆が円安になると思っているようなら、自分も円安に票を投じるのがよい。こうした市場では、市場参加者の動向が大きな影響を持つ。

より多くの人が、円ドルの金利差が広がると円安が進行すると考えていれば（あるいは考えていると皆が思っていれば）、金利差が広がると円売りの集団心理が働く。こうした集団心理が強く働けば、為替レートはますます金利の動きに引っ張られることになる。これが金利相場と呼ぶべきものだ。市場参加者は金利の動きに注目し、それで為替市場で取引をする。結果的に金利の動きが為替レートを動かすことになる。そして金利が為替レートを動かすという人々の考え方が結果的にも正しくなる。

ただ、為替市場は常に金利相場で動くものでもない。1990年代には、円ドルレートは日本の貿易収支によって大きな影響を受けた。貿易黒字が膨らむようなら円高になり、その反対の動きがあれば円安方向に動いた。貿易収支が円ドルレートに影響を及ぼすという明確な根拠はないが、皆がそう信じれば貿易黒字が為替レートを動かすことになる。このような状況を貿易収支相場と呼んでもよいだろう。貿易収支相場の時には、金利差と為替レートの動きへの注目は大きくなかった。この時には貿易収支が「美人」であり、金利は「美人」ではなかったのだ。

為替レートを動かす美人は時代によって変化する。金利相場の時もあれば、貿易収支相場の時もある。有事のドルが強調され、世界の政治情勢に為替レートが大きく振り回されることもある。

このように時代によって為替レートを動かす「美人」の中身が変わるので、為替レート理論のファッション化が起きているようでもある。ともあれ、当面は為替レートの金利相場はしばらく続きそうだ。

金融政策はどちらに向かう

円ドルレートが金利に敏感に反応することもあり、金利に大きな影響を及ぼす金融政策の動向に注目が集まる。22年の10月に150円まで円安が進行したが、その後は年末にかけて130円台の前半まで円高方向に戻った。150円台にまで円安が進んだことも驚きだし、それからわずか2ヶ月で20円近くも円高方向に戻ったことも驚きだ。

為替レートの動きを予想するのは難しいが、為替レートのこの大きな変動の背景に日米の金融政策の動きがあることは間違いない。

米国側から話をしよう。激しいインフレで米国中央銀行であるFRBは政策金利である短期金利を速いスピードで引き上げてきた。それに連動して市場金利である長期金利（10年物国債利回り）も上昇を続けた。これがドル高（円安）が進んで、150円台を超えた背景にあった。

ただ、市場関係者はその先の動きに関心を強めていた。米国での物価上昇の原因でもある雇用や需要の高まりは、コロナ禍での需要の落ち込みへの反動による部分が大きかった。いずれこの反動による景気は消滅する。それどころか、多くの人がこの先、景気の大きな後退があることを予想していた。

いずれ政策金利の引き上げは終わり、米国の金利上昇は終わる。景気後退が近づけば、金利の打ち止めも早いだろう。市場関係者は金利引き上げが終わるタイミングを見極めようとした。こうした流れもあったのだろう。22年10月末に4％を超えていた米国の長期金利（10年物国債利回り）は11月に入ってから低下を続け、3・5％近くまで低下した（ただし、年末にかけてまた3・8％台にまで上昇しているので、今後の流れはわからない）。

いずれにしても、米国の政策金利の上昇ペースの緩和への期待とそれを受けた長期金利の低下は、円ドルレートを動かす要因となった。先ほども述べたように、円ドルレートは円高方向へ動き始めた。ドル金利の変化の影響なので、円安是正というよりはドル高是正と言った方がよいだろう。

次に日本の金融政策の影響について話そう。12月になって、日本銀行はそれまで0・25％を上限としてコントロールしていた長期金利（10年物国債利回り）を0・5％にまで緩和すると発表した。市場はこの発表に反応し、日本の長期金利も０・５％近くまで跳ね上がった。これと同時に円ドルレートも円高方向に動き、年末には円ドルレートは１３１円台まで動くことになった。日本銀行の金融政策については、この後、もう少し詳しく論じてみたい。

■脱デフレのための金融政策

日本銀行で金融研究所長を務めた翁邦雄《おきなくにお》氏は、その著書『金利と経済』（ダイヤモンド社）の中で興味深いことを書いている。翁氏が１９７４年に日本銀行に入行したとき、先輩から「日本銀行の政策では経済学はいらない」と言われたそうだ。「景気が悪ければ金利を引き下げ、景気が過熱すれば金利を引き上げればよい。それだけである」。

なんとも乱暴な話ではあるが、確かに一理あるように見える。しかし、こうした単純なロジックが通用しなくなったのがこの20年間であった。デフレが進行する中で日本銀行は政策金利（短期金利）をゼロ％まで下げていった。ゼロ金利政策だ。それでもデフレが止まりそうもなかった。金利を下げるという手法がこれ以上通用することが難しくなった中で、さらなる金融緩和の手法が模索されていたのだ。

こうした中で出てきたのが、量的緩和である。日本銀行が国債などの資産を大量に買い上げることで、市場に流通する流動性（貨幣）を増やそうとする手法だ。２０１３年に就任した黒田日銀総裁は大規模な量的緩和を打ち出し、市場を驚かせた。量的緩和はそれなりの効果を上げて、アベノミクスは世界的にも注目された。ただ、その効果は次第に限定的となった。

２０１６年1月に、日本銀行はマイナス金利政策を導入した。金融機関が日本銀行に預ける資金の一部にマイナス０・１％の金利を課すことで、金融機関の資金が日銀への預金として滞留することを防ごうとしたのだ。だが、このマイナス金利政策が大きな効果を発揮したようには見えない。

そして最後に、同じ16年の9月に日本銀行が導入した長短期金利操作付き量的・質的金融緩和である。この長短期金利操作付きの部分が、いわゆるイールドカーブ・コントロールである。金利には短期から長期まで、さまざまなものがある。イールドカーブとは、短期から長期にかけて、期間と金利の間の関係を示したグラフのことである。超短期の金利は日本銀行のコントロールの対象であり、これを政策金利という。ただ、それ以上の長い期間の金利は、市場金利として市場の自由な決定に任せることになっていた。

日本銀行がイールドカーブ・コントロールに踏みこんだということは、短期のみならず長期の10年物の国債利回りまで管理するということだ。市場の金利全部にコントロールの網を被《かぶ》せるというのは簡単なことではない。後で述べるように、イールドカーブ・コントロールをいつまで維持するのか、あるいは維持できるのかは、日本銀行の金融政策の重要な論点となっている。

■長期金利をめぐる市場と日銀の攻防

米国を始めとして海外で金利が上昇していく中で、日本銀行はデフレ脱却のための金融緩和策の維持にこだわった。日本の消費者物価の上昇率がまだそれほど高くなかったこともある。また、量的緩和やイールドカーブ・コントロールなどの形で大規模な金融緩和策を行ってきた中で、こうした政策を突然止めることの市場への影響も懸念される。イールドカーブ・コントロールの安易な撤廃には慎重にならざるをえない。撤廃によって長期金利が急速に上がるようなことになれば、株価や債権価格が大きく落ち込むことにもなりかねず、金融機関が大きな含み損を出す可能性もある。

長期金利（10年物国債利回り）は日銀の設定した上限の0・25％に近い水準で推移していたが、日銀はそれ以上の金利上昇を防ぐため、必要であれば無制限に国債を購入する姿勢を維持していた。日銀が国債を買い支え続けるなら、国債の金利を0・25％で維持できる。ただ、米国など海外の金利が上がり続けているので、日米などの金利差が広がり、これが円安圧力を強めていた。これはすでに説明した。

日銀にとっては、円安を防ぐことは金融政策の最重要課題ではなかった。だからイールドカーブ・コントロールを止める必要もなかった。日本の消費者物価の上昇率もそれほど高くなかったので、この点でも脱デフレの金融政策を変更する緊急性はなかった。

ただ、市場はそうは見なかった。日本の消費者物価上昇率はじわじわと上がり始め、日本銀行が目標として設定した2％を越えようとしていた。日米の金利差が広がり大幅な円安が進行していたことも、日本の物価をさらに押し上げる要因であった。

日銀が上限として設定していた0・25％をめぐって市場と日銀の攻防が始まったのだ。市場の多くの投資家は、日本銀行がいずれはイールドカーブ・コントロールを放棄せざるをえないと考えていた。そうなれば国債の価格は大きく下がる（国債利回りが大きく上がる）。それを見越して、国債の売りのポジションを膨らませた。思惑通りに国債の金利が上がれば大きな利益を上げられる。

日本銀行は0・25％を維持するため、この金利で指値《さしね》オペを無制限に行うことを発表した。必要があれば市場からの国債の購入をいくらでも増やして0・25％以上に長期金利が上昇するのを防ごうというのだ。日本銀行の覚悟が市場に伝われば、国債を売ろうとする投資家は減ると期待したのだろう。

ただ、こうした状況は市場関係者から見れば、ワンサイドベットになっていた。ワンサイドベットとは、仕掛ける投資家から見れば、利益が上がる可能性はあるが、損をすることはないという都合のよい状況だ。日銀や政府が金利や為替を固定しようとすると、こうしたワンサイドベットの状態になることがある。

今回のワンサイドベットの構図を簡単に説明しよう。金利は日銀が上限とする0・25％に張り付いている。市場関係者は日銀がこの上限を撤廃する可能性を考え、国債の売りに出ている。金利上昇を防ぐため、日銀は国債の購入を増やすことで0・25％を守っている。

このような状況では、金利が0・25％から大きく下がる可能性は少ない。可能性としてあるのは、日銀が０・25％を守り切るのか、さもなければ守り切らずに０・25％よりも金利が上昇するのか、この二つの可能性である。国債を売りに出している投資家にとっては、金利が上がれば儲かるし、日銀が守り切れば利益は得られないが損をすることはない。つまり絶対に損をしない投資機会なのだ。

ワンサイドベットになれば、投資家は積極的に国債を売ろうとするだろう。それで国債の金利が上がることを防ぐためには、日銀はもっと多くの国債を市場から購入しなくてはならない。このようなゲームを続けていたら、日銀の保有する国債は際限なく増え続けてしまう。市場は日本銀行が追い込まれるので、０・25％の上限の撤廃を余儀なくされる可能性は高いとみる。だからますます、市場で国債の売りが拡大することになる。

こうした中で、２０２２年12月、黒田日銀総裁はイールドカーブ・コントロールでの長期金利の上限を０・25％から０・５％に引き上げることを発表した。ただ、イールドカーブ・コントロールを止めるのではなく、市場の情勢に合わせた微調整であるとした。

■日本だけ続けている超緩和は続くのか

この原稿を書いているのは22年の年末である。この本が世に出る頃にはさまざまな展開があるだろう。それでも、あえて金融政策の大きな流れについて考えを整理しておくことは意義が大きいと考える。日銀が０・25％から０・５％に上限を撤廃したことを受けて長期金利も上昇した。年末の段階で０・45％となっており、上限に近い水準だ。

22年の12月に日本銀行が行った国債の買入れ額は過去最高となる17兆円を超える規模だった。それだけ市場の国債の売り圧力は強く、市場は０・５％の上限では終わらないと見ているのだろう。そこで大きな鍵となるのが、今後の物価の動きである。

22年の11月の消費者物価は、生鮮食品を除く総合指数で前年比３・８％の増加であった。これは31年10ヶ月ぶりの高い水準である。日銀が目標としてきた２％を大きく超える水準である。このような物価上昇率が続くかぎり、日銀はイールドカーブ・コントロールや量的緩和などの超緩和策を続ける理由はないことになる。

そこで、今後とも物価上昇が続くかどうかが大きな鍵となる。10月に公表された日銀の展望レポートでは、消費者物価上昇率の予想は22年で２・９％、23年で１・６％、そして24年も１・６％という予想値が提示されている。日銀の展望では、足元ではインフレ率は目標の２％を一時的に超えるが、その後は物価上昇は落ち着いてきて、日銀が目標とする

2％以下の水準になるとしている。この予想が正しければ、日銀として、拙速に金融緩和策を終らせる理由はない。

ただ、この先、日本の物価上昇率がこれ以上には上がらず、むしろ2％以下に下がっていくという予想もにわかには信じられない。海外で起きているインフレの状況と比べると、2％の物価上昇率に低下していくと考えるのもあまりに楽観的に思える。

今回の世界的なインフレの大きな原因の一つは、エネルギーなどの資源や食料の価格が高騰していることだ。ウクライナへのロシアの侵攻が大きな影響を及ぼしている。このウクライナ戦争が早急に終結するという見通しはない。また、仮に戦争行為が終了したとしても、ロシアに対する経済政策の影響は続くものと考えられる。資源価格や食料価格の高値が続けば、日本の物価へも上昇圧力が残ることになる。

仮に消費者物価が2％を大きく超える状況が続くようであれば、日銀はイールドカーブ・コントロールや量的緩和を維持することができるのだろうか。これらの政策がデフレ脱却のための特別な政策であったとすれば、デフレ的要素がなくなった時にまだそのような異例な金融緩和を続けることは難しい。

拙速にイールドカーブ・コントロールや量的緩和を終わらせることは、金融市場に過度な調整を求めることになる。超金融緩和からの出口の行為は慎重になる必要はあろう。ただ、物価上昇が続けば、金融緩和を修正することが求められる。いずれにしても、今後の物価動向が注目されるところだ。

■インフレ後のマクロ経済

日本はもちろんのことだが、世界的にもこのインフレがいつまで続くのかということが大きな論点となっている。インフレが一時的な現象であり、少し時間が経てば物価が落ち着くということなら、インフレ抑制のための強力な政策を行う必要はない。しかし、米国ではインフレを強力に抑え込むために、政策金利を急速に引き上げる措置が続けられてきた。過度な金利引き上げは景気を悪化させる影響を懸念させるものだ。それにも関わらず急速な政策金利引き上げが行われているのは、インフレが定着することを恐れているからだろう。

一般的に物価には粘着性がある。これまで日本が経験したように物価が上昇しない状況が長く続くと、物価上昇率が非常に低い状態で安定化する。物価が上がらないので、賃金も上がらない。賃金が上がらないので、物価も上がらない。こうしたデフレのスパイラルのようなものが経済に定着する。経済学者は予想インフレ率という概念をよく使う。例えばデフレの時には、物価はあまり上がっていかないだろうと考える。低い予想インフレ率が社会全体に広がり、それがデフレ的状態を安定化させる。

過去の経験から、インフレの時には逆のことが起きる。物価が上昇を続けていれば、賃金を引き上げる要因となる。そして賃金が上がれば、物価も引き上がる。こうしたインフレのスパイラルが定着すれば、インフレが収まるのにも時間がかかる。1970年代のように、激しいインフレを経験した後にインフレを沈静化させるためには、ある程度の景気悪化を覚悟せざるをえない。一旦定着したインフレ予想を解消させるためには、それなりのコストが必要なのだ。

今回の世界的なインフレの特徴は、この先に厳しい景気後退が待っているということだ。米国を例に挙げれば、インフレの大きな要因の一つは、コロナ禍で大きく落ち込んだ需要がリバウンド（反動）で拡大したことで、需給ギャップが生まれたことにある。その典型が労働市場で、労働需要の拡大に供給が追いつかず、深刻な人手不足と賃金上昇となったのだ。それに加えて、世界的な資源や食料の価格高騰が追い打ちをかけた。

リバウンドで生まれた需要拡大はずっと続くものではない。いずれリバウンドによる一時的な需要拡大は終わる。これがこの先の米国の景気後退を予想される原因だ。物価上昇が残ったまま景気後退が始まると、スタグフレーションに陥ることになる。そうならないように、ＦＲＢは早期にインフレの芽を摘もうと急速な金利上昇を仕掛けてきた。ただ、それでもインフレの芽を完全に摘み取るのは難しそうだ。

■長期停滞に戻るのか

世界的にこの先インフレがどこまで定着するのか。日本ではインフレ率はさらに上がるのか、それとも落ち着くのか。こうしたことを予想することは難しい。優秀な人材を揃えた各国の中央銀行でも、予想は思う通りにいかない。日本銀行も例外ではない。

ここからは、難しい足元の微妙な変化の予想ではなく、もう少し中長期の視点から経済の先行きについて考えてみたい。日本ではこの20年デフレが続いていた。欧米など海外の先進国でも２００８年のリーマン・ショック後はデフレ的な状況になった。こうした流れは景気循環の中での景気後退というよりも、より構造的な景気低迷というべき状況だ。これは長期停滞（secular stagnation）と呼ぶことがある。

コロナ禍やウクライナ戦争で世界にインフレが広がる中、とりあえずは長期停滞ではない状態が続いている。ただ、こうした混乱が終息した時、また長期停滞の状態に戻るのか、それとも日本経済も世界経済も新たなステージに向かって動き出すのか。この見極めが重要である。金利、物価、為替レート、資産価格、そして何より景気が、長期停滞の状態に戻ってしまうかどうかの見極めが求められる。

そのためには、まず、日本で20年以上も続いた長期停滞の構造を整理しておく必要がある。長期停滞の象徴的な特徴は長期金利（10年物国債の利回り）にある。

バブルが崩壊する１９９０年頃には６・５％前後あった長期金利は、その後ずっと下がり続け、コロナ禍が始まることにはマイナス圏内にまで落ちていた。直近の動きはすでに述べた通りである。

金利は経済の温度計と言われる。長期金利が低下を続けているということは、資金需要の力が弱いということである。企業の投資も家計の消費も弱い。また、長期金利が低いことは経済成長率が低迷していることとも連動しており、資本や労働の生産性の伸びも低迷していた。

　このような構造的な停滞の背景には、さまざまな要因が考えられる。不良債権問題以来の経済の不振や少子高齢化という人口構造が、消費や投資の停滞を招いている面もある。技術革新の勢いが低下して、生産性の伸びが落ちているという面もある。長期停滞がデフレの原因ともなっているので、日本銀行は政策金利をマイナスまで下げ、大胆な量的緩和政策やイールドカーブ・コントロールを実行してきたが、その成果は限定的である。

　興味深いことに、こうした構造停滞は米国や欧州でも起きていた。日本は世界で最初にデフレに突入したが、2008年のリーマン・ショック後は、米欧でもデフレ的な傾向が顕著になっていった。米国より欧州の方が先だった。当時、欧州での経済会議でフランスの専門家が「私たちもついに日本のようになってしまった」と発言したのが記憶に残っている。米国がデフレ的な状況になるのもそのすぐ後だ。金利と物価の低迷、そして低成長を、日本化現象と呼ぶこともあった。

　日本に話を戻そう。日本にとって日本化は、低迷であると同時に安定でもあった。景気は悪かったが、金利が非常に低いので倒産件数も少なかった。巨額の債務を抱える政府も、国債利回りが低いことで、利払いの負担は少なかった。停滞と安定というのがこの時代のキーワードであった。

コロナ禍、そして地政学的な混乱の拡大という大きなショックで、安定と停滞は崩れようとしている。多くの国でデフレからインフレへの移行が進み、金利は上昇を続けている。為替レートも大きな変動を繰り返している。時代はこのまま変動と不確実性に移行しようとするのか、それともコロナ禍やウクライナ戦争の混乱を乗り越え、元の停滞と安定の時代に戻るのか。それを予想するのは困難だが、少し想像力を逞《たくま》しくしてこの先の展開を想像して見ることは価値があるだろう。

■コロナ危機と金融政策

日本化の中で、日本も海外も、大胆な金融緩和策が講じられてきた。マイナス金利政策、量的緩和、イールドカーブ・コントロールなど、国によって政策の中身はそれぞれだが、平時とは次元の異なる超金融緩和策が行われてきた。日本ではこの三つの全てが導入された。

新型コロナウイルスの感染は、戦後最大の経済的な落ち込みにつながるような危機的な状況をもたらした。株価も大幅に下落した。コロナ以前には株価指標である日経平均は2

万3000円台であったのが、コロナ禍が始まって数ヶ月の間に1万6000円台にまで急落した。このまま株価の下落が続くようだと、深刻な金融危機に陥《おちい》るとの不安が市場に広がった。

元々、世界的な金融緩和の中で株価や不動産価格は不当に高値であるという懸念があった。また、世界的なパンデミックという近年経験のない出来事に、市場関係者が抱いた不安感は非常に大きかった。いったん金融危機になると、経済が元に回復するのに長い時間がかかる。過去にも大きな金融危機が起きると、GDPが元に戻るのに10年以上かかるケースが多い、という専門家の指摘もあった。

実際、日本でも、山一證券の破綻に端を発した1998年の金融危機で、GDPが元に戻るのに20年近くかかってしまった。2008年のリーマン・ショックでは、GDPが元の水準に戻るのに10年を要した。金融危機を避けるために、各国の中央銀行はリーマン・ショックに続いて、大規模な量的緩和政策を行った。日本銀行も国債や株を大量に購入して市場を支えた。

金融危機を避けるためには、このような大規模な金融緩和は必要であっただろう。ただ、過剰に緩和が進んだ金融市場は、インフレを起こしやすい状況にあったとも言える。

コロナ禍からの反動で、需要の拡大が欧米で激しいインフレを起こしたのは、市場に出ていた膨大な金融資金の存在がベースにあったと考えられる。

激しいインフレの中で、米国のＦＲＢが猛スピードで金利引上げを行ったのには、過剰な金融緩和策を是正しないとインフレをさらに悪化させるとの考えがあっただろう。欧州でも同じだ。インフレを通じて、日本を除く主要国は量的緩和などの過剰な金融緩和を脱して、より正常状態での金融政策に移行しつつある。

日本だけが例外的にデフレ時代の金融政策を維持している。ただ、これまでに述べたように、今後の日本の物価の動向によっては、日本も欧米の後を追う動きを見せるかもしれない。過剰な金利引上げをしないとしても、デフレ時代の得意な超金融緩和策から脱する道が探られていくことになるだろう。

長期停滞を克服するために

　マクロ経済政策について語るときには、複数の政策手段をどのように振り分けるのかというポリシーミックスの視点が重要となる。マクロ経済運営で最も基本的であるのは、金融政策と財政政策である。この二つの政策をどう使い分けるのかが問われる。

　２０１３年からのアベノミクスでは、金融緩和に大きく偏《かたよ》ったポリシーミックスが問われた。財政政策については8年かけてプライマリーバランス（基礎的財政収支）を黒字化する目標があり、結果的に財政支出は抑制的に行われた。２０１２年の日本の財政赤字はGDP比で６・９％であったが、コロナ禍の前年の２０１９年には３・２％まで低下した（プライマリーバランスで見ると、12年には５・７％、19年には２・３％の赤字である）。プライマリーバランスの黒字化目標を実現するには十分ではなかったが、少なくとも財政は抑制的に運営されていたと言ってよいだろう。

景気が低迷する中でデフレが進行するという環境では、大胆な金融緩和策を行うことが有効である。一つの石を投げて二羽の鳥を落とすような効果がある。この間に財政運営をどうすべきであったかについては色々な意見があるだろう。もっと財政刺激をすべきという議論から財政健全化が十分ではなかったという議論まで、幅広い意見がある。ポリシーミックスのあるべき姿としては、金融緩和に偏った政策でよかったように思える。

では、これからのポリシーミックスの姿はどうなるのだろうか。インフレの進行度合いにもよるが、過度な金融緩和策を永遠に続けるような状況にはない。大規模な量的緩和策や、長期金利までコントロールするイールドカーブ・コントロールは、平時では行うべきでない政策である。デフレという特殊な状況だから通用する。

大規模な緩和策を次第に解消していくためには、それなりの段階を踏む必要はあろう。大規模な量的緩和を解消しようとして、あまり拙速に日本銀行のバランスシートの調整を急げば、市場はかえって混乱することにもなる。ただ、中長期の流れとしては、金融政策は超緩和から中立的あるいは引き締めの方向に向かうべきだろう。

では財政政策はどうあるべきだろうか。インフレの状況にもよるが、金融政策を引き締め気味に運営したとき、景気を下支えするという視点では財政は拡大気味に運営する必要が出てくる。後で詳しく述べるように、政府は経済を刺激する必要があるので、財政政策の役割が大きくなる。マクロ経済政策のポリシーミックスは、金融緩和・財政抑制から、金融引き締め・財政拡大の方向に動く必要がある。この点は後でさらに掘り下げたいが、その前にアベノミクスの時代のマクロ経済政策の姿について少しコメントしておきたい。

■マクロ経済における需要と供給

日本がデフレに陥ったのは、深刻な需要不足から来たと考えられる。消費や投資が振るわず、海外への輸出も円高の中でなかなか伸びない。これがアベノミクスが始まる以前の2012年頃までの状況だった。こうした事態を解消するために、アベノミクスの下で大胆な金融緩和が行われた。

この政策はそれなりの成果をもたらした。名目GDPは増え始め、10年ぶりにリーマン・ショック以前の状態まで戻った。多くの企業の業績も改善して、株価は大幅に上昇した。雇用も改善し、失業率も下がった。ただ、それにも関わらず、日本の経済成長率はあまり増加することがなかった。だから、企業も国民も日本経済の将来に対して楽観的な見通しを持てず、消費や投資も期待するほどには伸びなかった。何よりも、日本の潜在成長率が低迷を続けていたのだ。

マクロ経済は需要と供給の両面から見る必要がある。需要が弱かったことはすでに述べたが、実は供給サイドにも大きな問題があったのだ。経済が順調に拡大するためには、需要が増えていくことと、供給が増えていくことが同時に起きなくてはいけない。需要が増えていくとは、消費や投資や外需などの需要が増えていくことである。

供給が増えるためには、労働力や資本ストックが増えるか、生産性が伸びていく必要がある。この三つ以外に供給を増やすチャネルはない。残念ながら日本では、少子高齢化によって労働力は増えていない。資本ストックについても、日本国内での企業の投資が低調で、これも増えていない。その上、生産性の伸びも鈍化するばかりである。日本の潜在成長率は1％以下の非常に低い水準である。供給サイドから経済が全く拡大していないことを意味する。

こうした中、アベノミクスで需要を喚起することは、カンフル剤を打つことに似ている。デフレだからカンフル剤を打つことに意味はあるが、それを打ち続けても潜在成長率が高まるわけではない。安倍内閣もサプライサイドを刺激することの重要性は認識していた。だから成長戦略を実行しようとした。

ただ、サプライサイドで経済が成長するためには、結局は企業が行動を起こすしかない。企業が積極的に投資を行い、産業が新陳代謝につながるような構造調整をすることが求められる。いずれにしても企業が動かない限りサプライサイドは動かないのだ。企業が投資をすることを馬が水を飲むことに喩《たと》えるなら、政府は馬（企業）を水場に連れていくことはできるが、馬が水を飲む（投資をする）気がないかぎり、水を飲ませることはできないのだ。

■なぜ国内投資が進まなかったのか――空洞化の構図

サプライサイドが低調だったのは、企業による投資が低調だったからだ。ＧＤＰ統計を見ると、過去20年、日本の企業の資金余剰が膨大な額になっていることがわかる。企業の貯蓄から投資を引いた額が資金余剰となるが、それはほぼ一貫してＧＤＰ比で５％を超える規模であったのだ。

この数字を見て、企業は内部留保を溜め込むばかりで、投資や賃上げのようなキャッシユアウトをしてこなかったと批判の声が上がっている。企業が投資をしない限り、日本国内の経済活動は活性化しないし、賃金が上昇していくことはない。

ただ、色々なデータを突き合わせてみると、「企業は日本国内で投資をしない」という面は正しいものの、「内部留保を溜め込むばかり」という面は必ずしも正しくない。GDP統計はマクロで見た経済の動きを示しているが、企業ベースから投資の動きを追ったデータを見ると、過去20年、日本の企業は海外で巨額の投資をしていることがわかる。それに比べて、国内への投資は非常に貧弱である。

海外への投資がGDP統計上どのように扱われるのか確認していないが、おおよそはこんなところだろう。企業が内部留保を厚くしてきたことは事実だろう。ただ、GDP統計上で企業の資金余剰として捉えられている中には、海外への投資となっている部分が相当あるはずだ。

いずれにしても重要なことは、この20年、日本企業の国内への投資が非常に低調であったということだ。企業の投資の多くは海外への投資として流れていた。産業の空洞化と呼べるような現象が起きていたように見える。企業や産業レベルでは市場が拡大する海外へ投資していくことは合理的な行為であるが、日本経済全体で見ると、日本国内への投資が鈍ってしまったのだ。

ここに海外の主要国との大きな違いがある。多くの国では、海外に出ていく直接投資とほぼ同じ規模の投資が外国企業から対内投資として入ってくる。直接投資の出入りがほぼ同じ規模になっていることを、直接投資の双方向性と呼ぶ。日本についてはこの双方向性が成り立っていない。出ていく投資は多いが、入ってくる投資は少ない。

海外、特に米国では、国内投資におけるスタートアップ企業や新興企業の役割が大きい。旧来からの大企業は海外に積極的に投資している。これは日本の大企業と変わらない。ただ、その一方でGAFA（グーグル・アップル・フェイスブック・アマゾン）などの新興企業が膨大な投資を国内向けに行っている。産業構造の新陳代謝が盛んなことが、国内投資を促している。残念ながら日本では新興企業の活動は活発ではない。

■日本企業はGXとDXに注力せよ

こうした中でここ数年、GXとDXが日本経済の構造を変えるキーワードとして注目されている。GXとはグリーン・トランスフォーメーションのことで、気候変動問題への対応を進めることで、経済の構造が変わることを意味する。自動車の電気化、再生可能エネルギーへの投資を進め、水素ネットワークの整備を行う。こうした行動は気候変動問題への対応には必要なことだが、同時に産業構造やマクロ経済を大きく変える原動力になるというのだ。

DXとはデジタル・トランスフォーメーションのことで、急速に進展するデジタル技術が社会や経済の構造を変える原動力になるという意味だ。全ての企業は生き残るために、自らのDXを遂行しなくてはならない。それによって企業は新たな成長の機会を得られるし、経済や社会の構造も大きく変えることになる。

GXもDXも、それを実現するためには巨額の投資が必要となる。しかも、それは海外への投資ではなく、国内での投資が中心となるはずだ。この二つの変革（トランスフォーメーション）を実現するためには、企業による日本国内での膨大な投資を実現しなくてはならない。

日本国内での投資の担い手としては、米国と同じようにスタートアップや新興企業に期待するところは大きい。政府もスタートアップの強化策を打ち出した。

海外の企業による投資にも期待したい。先端のロジックメモリーの生産で圧倒的なシェアを持つ半導体大手の台湾積体電路製造（ＴＳＭＣ）が1兆円規模の工場を熊本に設立した。そのインパクトの大きさは話題になっているが、このような海外からの大規模投資に期待するところも大きい。円安ということも追い風になる。この点については後でさらに取り上げたい。

ただ、なんと言っても重要なのは、日本の大企業による投資が日本国内に戻ってくることだ。日本企業がＧＸやＤＸに積極的に取り組めば、国内での投資が増えることになる。投資の主役はもちろん民間企業であるが、そのような投資を刺激する上で政府による政策の役割も大きい。この点についても、後で取り上げる予定だ。

■デジタルの力が創造的破壊を生む

ＤＸについてもう少し述べてみたい。そのためのキーワードとして、創造的破壊という考え方を取り上げる。経済が拡大するためには、イノベーションの存在が重要となる。イノベーションなしには成長率を高めることはできないし、環境問題や少子高齢化などの社会的な課題に対応することも難しい。

イノベーションを生み出す技術革新には二つのタイプがある。一つは改良型の技術革新である。これまでの技術をさらに発展させるタイプである。より燃費のよい自動車を生産したり、情報技術を利用して物流を効率化させるなどが、その典型だ。日本でもこうしたタイプの技術革新に多くの企業が取り組んでいる。

これに対してもう一つの技術革新に、破壊的イノベーションがある。既存のビジネスを破壊して新しいビジネスを生み出すようなタイプの技術革新である。経済学者のシュンペーターは、この破壊的な技術革新の重要性を強調し、経済を発展させるためには創造的破壊が鍵となると指摘した。

米国で急成長したGAFAのような企業群は、創造的破壊の担い手である。アップルのビジネスモデルを見れば明らかだが、iPhoneは人々の行動パターンを大きく変え、社会の構造さえ変えようとしている。その中で、旧来の携帯電話やウォークマンのようなビジネスが破壊されている。GAFAの他の企業も、同じように創造的破壊を繰り返してきた。

GAFAの成長力の凄まじさはここで取り上げるまでもない。マスコミなどでしばしば話題になっているが、この4社の株価総額を足し合わせると、日本の上場企業の株価総額に匹敵するような規模になる。日本企業が全て束《たば》になっても、ＧＡＦＡ４社の企業価値にもならないということだ。

ただ、この事実を少し別の角度から見ると興味深い。ＧＡＦＡも含めて、米国の主要５００社の株価総額はＳ＆Ｐ５００という指標で見ることができる。このＳ＆Ｐ５００からＧＡＦＡ４社を引いた株価総額は、実は日本の上場企業全体の株価の動きとそう変わらない。そういった見方もある。この点について詳しい検証をしたわけではないが、近年一部の経済学者が強調している点にたどり着く。

それは創造的破壊が、近年の米国の成長の重要な特徴となっているということだ。ＧＡＦＡやそれに続く多くのスタートアップの存在無くしては、近年の米国の経済成長はありえない。デジタル技術の発展が凄まじくそれが創造的破壊を起こし、米国の成長につながっているというのだ。確かに、デジタル技術は破壊的技術革新という性格を強く持っており、しかもその技術革新のスピードが高くなっている。日本の経済活力を高めるためには、デジタル技術の力を利用して経済や社会の変革を促すことが有効となる。ＤＸが求められる所以《ゆえん》だ。

■日本企業はキャッチアップ型の発展思考から脱却せよ

戦後、日本はめざましい経済発展を遂げた。しかし、その成長の構図は創造的破壊による発展というよりは、欧米にキャッチアップする形の成長であった。実は日本のこのような経験は、経済発展と技術革新の関係を理解する上で重要な点である。

キャッチアップ型の経済発展段階にあった日本は、海外に存在するベストプラクティス、あるいは最良の製品を、いかに効率よく日本国内で生産するのかに注力すればよかった。その過程でテレビや自動車などで欧米よりも優れた品質の製品を生産することもあったが、その多くは改良型技術革新の範囲であった。

日本の雇用システムや社会構造は、こうしたキャッチアップ型の成長に適した形で展開した。終身雇用や年功賃金の雇用形態は、従業員の定着性を高め、集団として学習能力を高めた。組織としての知識を次の世代に継承し、また転職などでそうした能力が外に出ていくことも少なかった。多くの従業員に求められたことは、破壊的なイノベーションにつながるような斬新な発想というより、旧来の製品や製法をより優れたものに改良していく能力であった。しかも個人としての能力よりも、集団としての能力が重要であった。

日本の産業がキャッチアップのプロセスにある間は、このような日本的な技術革新の特徴でよかった。しかし、日本の産業が世界のフロンティアに到達する頃には、キャッチアップや改良だけでは、日本が高い成長を続けることは難しくなった。為替レートを議論した箇所で、１９９５年頃が円の実質実行レートがピークに達し、それ以降は下降し続けているということを書いた。円の実力もこうした日本の動きを反映しているのかもしれない。

フロンティアまで辿り着いた日本の産業が海外のライバルとの競争に勝つためには、キャッチアップではなく、破壊的イノベーションが必要であった。米国などでも、ＧＡＦＡやマイクロソフトのような新興企業が創造的破壊を繰り返し、既存の企業を追い上げていった。

残念ながら、日本の企業や雇用の構造は、破壊的イノベーションを加速するのに向いていない仕組みが多く組み込まれている。キャッチアップの時代には優れたパフォーマンスを示した日本の技術力は、創造的破壊には向いていなかったのだ。

■スタートアップの重要性

少し前の項で日本の空洞化を議論したとき、日本ではスタートアップ企業の活動が低調であったことが、日本の国内投資が拡大しない一つの要因であると指摘した。スタートアップの企業群は、創造的破壊の重要な担い手となる。すでに地位を確保した企業は、現在うまくいっているビジネスを破壊するような技術革新に取り組むことにどうしても消極的になる。これに対して、スタートアップは失うものがないので、破壊的なイノベーションにより積極的になる。

こうした傾向はどこの国でも同じだ。米国でGAFAのようなスタートアップから出てきた企業群が注目されるのは、既存の産業では破壊的なイノベーションが生まれにくいからだ。残念ながら日本ではスタートアップが出てきて、大きく成長する基盤が弱かった。詳しい議論をする準備はないが、さまざまな点が指摘されている。スタートアップに取り組もうという人材の不足（優秀な人材がスタートアップに集まらなかった）、潤沢な資金がベンチャービジネスに入りにくい構造、スタートアップの出口（成長した後に上場するか大企業に買収されて資金を回収すること）が限定的であること、失敗してもやり直すことを容認する風土がないこと、などである。

これらの点は少しずつ是正されようとしているし、政府もスタートアップの重要性を認識して、岸田政権の新しい資本主義実現会議の中ではスタートアップ育成分科会を設置してスタートアップを倍増させる計画を練っている。

人材の問題でも、少しずつ変化が出ている。私は東京大学で35年ほど教えていたが、その卒業生の多くは大企業や政府の諸機関など、大きな組織に就職する人がほとんどだった。そして定年するまでそうした組織にとどまる傾向が強かった。しかし、この10年ぐらいで大きく変化している。何年か企業や官庁などで経験を積んだ後に、起業する人が増えている。中には上場までいった人もいるし、いくつかの企業を次々に立ち上げた、いわゆるシリアル・アントレプレナーの人もいる。このような人材が増えていけば、スタートアップエコシステムも広がっていくだろう。

■GXの流れ

２０２０年の10月、当時の菅首相が２０５０年までにカーボンゼロを実現すると国会で発言してから、日本の気候変動問題への対応の流れが大きく変わった。それに続いて２０２１年には、２０３０年までの削減目標として２０１３年度年比46％減を菅政権が発表し、気候変動問題への対応はさらに加速した。２０５０年なら20年から見て30年後の話だが、２０３０年となると21年から9年後のことになる。将来に向けての脱カーボンの構想だけでなく、足元から具体的にどのように脱カーボンを進めていくのかが求められる。

このような流れは、日本だけのものではない。それどころか、気候変動対応は世界全体の大きな流れとなっている。２０２１年に英国を議長国として行われた国連のＣＯＰ26の議論は、気候変動対応に世界の主要国が取り組むという流れを強化した。日本としても、そうした流れを意識せざるをえない。

こうした動きに反応して、大企業を中心に多くの企業が脱カーボンの実現のプロセスを公表し始めた。２０３０年まで、そして２０５０年までに、どのような手法でどこまで脱カーボンを進めて行くのかという目標である。もちろん、産業によって脱カーボンの難易度は異なるし、技術的な課題も産業によって異なる。ただ、全ての産業で脱カーボンの流れが始まったことは確かだ。

社会全体が脱カーボンを進めていけば、私たちの生活が大きく変わることになる。そのプロセスで企業や産業の姿も変わっていく。電力は石油や石炭などの化石燃料から太陽光や風力などの再生可能エネルギーにシフトしていく。再生可能エネルギーにシフトするためには、蓄電の機能を最大限に活用すると同時に、送配電のネットワークの強化も必要だ。海外から輸入するエネルギーは石油や天然ガスではなく、海外で再生可能エネルギーや二酸化炭素の地中への貯留によって生産した水素やアンモニアになるかもしれない。自動車はガソリン車ではなく電気自動車に変わる。省エネや省資源を実現するために、所有から利用にシフトするシェアエコノミーが広がるかもしれない。

脱カーボンを進めていく中で、具体的にどのような社会になっていくのかは不確実な面も多いが、確実なことは、気候変動対応が社会の変化の原動力になるということだ。そうした中で、興味深いことは、ＧＸが経済成長につながるという見方が広がっているということだ。

コロナ禍以前は、欧米や日本のような先進国は長期停滞に陥っていた。この点についてはすでに述べた。長期停滞の原因として、企業による投資が低調であったことがある。投資を拡大させていくことができれば、経済成長につながる期待が広がる。そうした認識で、EUではコロナ後の気候変動対応の投資拡大を、コロナ禍で痛んだ経済を再生させる切り札と考えている。再生可能エネルギーや電気自動車などへの投資が高まることで、経済が刺激されると考えている。米国がかつて1930年代の大恐慌から抜け出すためにニューディール政策を行ったように、グリーンディールという名称を付けている。

GXを進めていくことが経済を成長させることになるのか、それとも気候変動対応は社会にとってコスト負担となり、経済成長の足枷《あしかせ》になるのか。どちらが正しいのか、現段階では判断は難しい。ただ、GXの流れは広がり、企業に多くの投資を求めることになるだろう。

■成長指向型のカーボンプライス

気候変動問題は壮大な規模の市場の失敗である。市場の失敗というのは経済学の専門用語であるが、ここではおおよそ次のような意味である。人々が経済活動をすると二酸化炭素などの温室効果ガスが発生し、それが累積して地球環境に深刻な影響が及ぶ。このように経済活動が他人に影響を及ぼすことを外部効果という。外部効果を避けることは非常に難しい。

気候変動の加害者は２００年近く前の産業革命以来の全ての人々だ。現在でも、全ての人の活動が二酸化炭素などの温室効果ガスを発生させている。そして被害者は現在の全ての人だけでなく、将来の人々にはさらに深刻な影響が及ぶ。壮大な規模の外部効果であり、市場の失敗を起こしている。

このような市場の失敗を、企業や国民の自発的な行為や政府による規制などで解消することは不可能である。そうした行動は必要であるし重要でもあるが、その効果には限界がある。市場経済という巨大な存在が起こす市場の失敗であるなら、それを是正するためには市場の力を借りるしかない。

市場の力を借りて気候変動問題に対応するというのは、具体的にどういうことだろうか。それを理解するためのキーワードとなるのが、カーボンプライシングだ。岸田首相もロンドンでの講演で「成長志向型カーボンプライシング」に触れている。

カーボンプライシングとは、人々が発生させる二酸化炭素によって生じる社会的費用を、日々の経済活動に織り込もうということだ。最もわかりやすいのは炭素税の導入だ。日本の場合には石炭や石油など、二酸化炭素を排出する炭素燃料はその大半を海外から輸入している。この輸入に税金を課せば、二酸化炭素を発生させるような経済活動にはコスト負担が生じる。こうした価格構造になれば、二酸化炭素を出さないような経済活動に重点が移ったり、温室効果ガスを発生させないといった技術革新が進むことが期待できる。

炭素税はカーボンプライシングの一つのケースである。企業に温室効果ガスの排出の削減を求め、目標の達成の多寡《たか》を排出権の枠の売買で調整する排出権取引もカーボンプライシングを利用する仕組みだ。この場合には、排出権取引の価格がカーボンプライスとなる。

それでは「成長志向型のカーボンプライシング」とは何だろうか。いきなりカーボンプライスを高く設定するような政策を取れば、経済の活力を削《そ》ぐ結果になりかねない。しかし、足元ではカーボンプライスを導入しなくても、5年後、10年後、15年後とカーボンプライスを引き上げていくような姿勢に政府がコミットしたらどうだろうか。

当面はカーボンプライスがなくても、将来それが高くなっていくとすれば、企業は早い段階から脱カーボンのための投資を行うだろう。将来の高いカーボンプライスが、足元での企業行動に影響を及ぼすのだ。社会全体として脱カーボンを進めるためには、早い段階からそのための投資が拡大するような仕掛けが必要だ。

気候変動問題という市場の失敗を市場で解決するためには、最終的には社会全体が適切なカーボンプライスを受け入れる必要がある。しかも、そのカーボンプライスはかなり高いものとなる。社会全体がこの価格を受け入れるということは、炭素燃料への税金や電力料金などが、全ての価格に転嫁され、特定の企業や産業だけでなく、全ての国民が炭素の価格を受け入れるということになる。

そうした高い炭素価格が設定される頃までには社会の脱カーボンが進み、炭素燃料に頼らなくても経済活動が回るようになっている必要がある。そのためにも早い段階での脱カーボンの投資が進み、また脱カーボンを可能にするイノベーションが加速することが必要となる。カーボンプライスを次第に高くしていくことは、こうした投資やイノベーションを促進する効果を持つはずだ。

■これからの産業政策はどうあるべきか

政府はＧＸ経済移行債の政策を検討している。これから10年間で１５０兆円規模の脱炭素分野の官民投資が生まれるようにするため、20兆円の基金を政府が投入する。そのための資金をＧＸ経済移行債によって調達し、その返済を将来の炭素への税金などの収入で還元しようというのだ。積極的な財政政策によって民間投資を促すこと、その財源を赤字財政に頼らないことなどに、特徴がある。

すでに述べたように、マクロ経済を運営する上で、財政と金融のポリシーミックスの形が問われている。この章の前半で述べたように、この先、金融政策は脱デフレの超緩和措置をやめて正常状態に移行していくことが求められる。インフレの進行状況によっては、金利を引き上げていく流れになっていく可能性もある。

一方で、景気の先行きは決して楽観視できない。コロナ禍によって大きな需要の落ち込みがあったので、そのリバウンドで景気は一時的な回復を示している。米国でインフレを起こしている労働不足の状況など、リバウンドの影響が大きい。しかし、リバウンドは所《しょ》詮《せん》は一時的な回復に過ぎない。景気回復がリバウンドに止まらず、リカバリー（回復）と言うべき持続的な景気回復を実現するためには、経済政策の果たす役割が重要となる。

リバウンドのみの景気回復では、いずれは景気後退に向かう。米国を始めとして多くの国でこの先、景気後退が予想されているのは、リバウンドの恩恵が失われていくことが想定されているからだろう。コロナ禍以前は長期停滞と呼ばれる状態が続いたので、リバウンド後にまたその状況に戻るとすると厄介だ。仮にインフレの影響が残るとすると、インフレと景気低迷が共存するスタグフレーションということもありうる。

いずれにしても、こうしたリスクを抑え込み、経済に拡大方向に持っていくためには、政策の力を借りる必要がある。ポリシーミックスという視点から考えれば、金融政策に過度な景気刺激効果を求めることは難しいので、財政政策の役割が重要となる。これもすでに述べた。現実に、グリーンディールを打ち出した欧州や、大規模な財政支出を決めたバイデン政権の米国など、積極的な財政拡大によって景気のリカバリーを実現しようとする国は多い。日本でもＧＸやＤＸをキーワードに政府の積極的な関与が進んでいる。

ただ、すでに記したように、需要サイドからの財政政策に過度な期待をしてはいけない。重要なことは供給サイドの動きだ。主役は民間による投資でなくてはならない。財政政策に期待するのは、民間投資を誘発する政策、つまり「財政政策＋産業政策」である。

　ＧＸ経済移行債はこうした方向で運営されることが期待される。20兆円の公的基金の活用によって１５０兆円の官民投資が生まれる。民間投資主導の経済活性化である。また、20兆円の基金の財源を赤字財政ではなく、将来のカーボンプライシングからの財源から調達するという姿勢も重要である。安易な赤字財政ではなく、財源を確保しながらの財政支出の姿勢を維持することが肝要である。

第2章

低迷する日本経済の成長戦略

新しい資本主義は「何を新しくすべき」なのか？

新しい資本主義——この言葉を岸田首相が口にしたことで、何を新しくするのか、そのためにどのような政策が求められるのか、さまざまな政策論議がわき起こった。「新しい」というからには、これまでの資本主義経済の運営に問題があったということになる。

1990年代にバブル経済が崩壊してから日本経済はジリ貧が続き、「失われた30年」とも言われる。低成長・低金利・低インフレ（デフレ）の3点セットである。顕著なのは、賃金の低迷、中間所得層の弱体化、所得格差の広がりで、長期停滞と呼ぶこともある。要するに、単に景気が悪化したというよりも、経済全体に構造的な問題があるということだ。

旧来の資本主義経済を擁護する人は、市場経済メカニズムが持つ資源配分機能や成長牽《けん》引力《いんりょく》を強調した。こうした考えをもとに日本でも規制緩和が進められ、市場経済をより有効に機能させるために多くの改革が実施された。これらの改革に意味がなかったわけではないが、その結末が「失われた30年」でもある。

だからこそ、もっと改革のスピードを上げて資本主義の機能を高めるべきだという考え方もある。ただ、それだけで本当にうまくいくのかという疑問が、社会全体に広がっている。

資本主義経済の抱える弱点を指摘したという点で、世界大恐慌の教訓から生まれたケインズ経済学の存在は大きい。大量の失業者を生み出す資本主義経済には大きな欠陥がある。それを補うため、財政政策による政府の大胆な介入が必要なのだ。こうしたケインズの主張は、戦後の主要国の経済政策運営に大きな影響を与えてきた。

ただ、１９７０年代のインフレの経験を通じて、新古典派は、ケインズ的な過剰な政策的介入には好ましくない面も多いと、批判を展開した。そうした論争の中で、新古典派をさらに先鋭化させた市場原理主義の考え方が広がった。

しかし、日本に続いて世界の主要国が構造不況に陥ると、ケインズ的な考え方が復調してきた。日本でも、アベノミクスによる需要喚起策が効果を上げた。コロナ危機に際しては、多くの国がケインズ的な需要喚起策に頼っている。

財政や金融政策による需要喚起は、カンフル剤としての効果は期待できるが、経済の構造を変える力はない。日本の潜在成長率が依然として低迷を続けていることが、それを裏付けている。

日本経済の構造を変えないと、人々が望む成果は期待できない。低成長やデフレ状況が続くだけでなく、貧困の広がりや中間層の弱体化などの多くの問題が、抜本改革を迫られよう。

ケインズ政策の基本が、政府や中央銀行による需要刺激策であるとすれば、今求められるのはそれだけではない。経済構造を変えるには供給サイドのテコ入れが必要となる。ただ市場に委《ゆだ》ねればいいという新古典派への批判も多い。供給サイドの構造を変えるには政府による何らかの関与が求められる。

供給サイドの基本は、経済の成長力を示す潜在成長率である。これを高める方策は、労働増加、資本増加、生産性の上昇の三つしかない。高い成長を目指すことに抵抗感を持つ人もいるだろう。しかし、日本経済の成長率を上げないと、賃金上昇も、安心できる社会保障制度も実現できない。

供給サイドの流れを変える具体策を、労働・資本・生産性の３要素から考えてみたい。

まず労働力は、少子高齢化のもとで物理的に増やすのは困難だ。しかし、一人ひとりの労働者の能力を高めれば労働力全体を拡大できる。失われた30年の間、人的資本への投資は低調で、教育も劣化した。デジタル技術の革新が進み、労働者の再教育を強化する意義は高まっている。

「これまでの資本主義」は残念ながら、人的資本への投資で十分な成果を上げられなかった。市場の自由な活動に委ねただけでは、好ましい資源配分を実現できなかった。つまり市場の失敗が生じていたのだ。政府による、より踏み込んだ対応が必要となる。

教育機会を拡大し、人的資本を増やせば、労働者の賃金を引き上げることにもなる。政府がいくら賃上げを叫んでも、労働生産性が上がらなければ、持続的な賃上げは難しい。

人的資本への投資を増やすことが、中間所得層の厚みを増す唯一の道のようにも思える。教育や人的資本への投資こそが、新しい資本主義へとつながる最も重要な道ではないか。

次に資本の増加について述べよう。日本の潜在成長率低迷の大きな原因が、企業による投資不足だったことは明らかだ。資本ストックの伸びの鈍さが、生産性の伸びを抑えた。

ここでも、市場に委ねるだけでは期待する投資が実現しないという「市場の失敗」が生じていた。

欧米や中国などの海外主要国も、民間投資を促進することが、ポストコロナに向けて経済の回復を図る突破口と考えている。デジタル化の加速や気候変動対策など、民間投資を刺激するための大規模な産業政策を展開している。

今欧米が取り組んでいるのは、財政資金で需要サイドから景気を刺激する伝統的なケインズ政策だけではない。供給サイドに働きかける産業政策がセットになっている。デジタルやグリーンが経済再生の鍵となることは明らかだが、ここでも市場に委ねるだけでは望むような成果は期待できない。

市場がしばしば失敗するように、政府も失敗する。政府による過度な介入は、えてして好ましい結果をもたらさない。過剰な財政支出は政府の信頼を失わせ、財政破綻への道を進むことになる。

「新しい資本主義」に期待すべきなのは、過剰な公的介入ではなく、健全な資本主義の機能を取り戻すことである。

特にこの点は、3番目の成長の要素である生産性が深く関わる。日本の生産性は伸びが低迷している。その大きな要因は、経済の新陳代謝の著しい低下だ。市場メカニズムを活性化させる改革の重要性を、再度確認しておきたい。

気候変動は典型的な市場の失敗だが、環境対策に貢献する企業や事業に投融資する「グリーンファイナンス」や、温室効果ガスの排出量に応じてコスト負担を求める「カーボンプライシング」など、市場メカニズムの活用が有効である。

結局のところ、資本主義を救うのは資本主義なのだ。

視点①

「失われた30年」から脱却を図るべく、景気を刺激するだけでなく産業政策を施すべきだ。過剰な公的介入は必要ないが、健全な「新しい資本主義」を目指さなければならない。

成長と分配は「トレードオフ」の関係ではない

成長と分配が当面の経済政策の重要なキーワードとなっている。こうして二つの言葉を並べると、成長を重視するのか、それとも分配を重視するのか、二者択一のトレードオフの議論になりがちだ。

成長を重視する人たちは成長によって経済全体のパイを拡大すれば、所得の低い人たちにもその恩恵がいずれ及んでくるという。分配を重視する人たちは、成長重視の姿勢では所得や資産の格差が広がるばかりなので、分配政策をもっと前面に出すべきだと主張する。

しかし、これは私が学生の頃に学んだ経済学の考え方とは少し違う。市場メカニズムを有効に活用すれば資源の効率的な配分が実現するし、経済成長率を高めることもできるかもしれない。それを前提にした上で、所得分配の適正化を図るような再分配政策を実行すればよいというのが、私が学んだ経済学だった。配分と分配のための政策は別個のもので、両方をうまく組み合わせれば望ましい分配を実現できる。成長も分配も両方とも追求する考え方である。

これに関連して、ティンバーゲン＝マンデルの「政策振り分け」(Policy Assignment)の議論を考えてみたい。いずれもノーベル経済学賞を受賞したティンバーゲン氏とマンデル氏という二人の経済学者の議論だ。

政策目標が二つで政策手段が一つしかなければ、二つの政策目標――例えば成長と分配――の間でトレードオフの関係が生まれ、一方の成果を上げようとすれば、他方が犠牲になる。つまり、成長を取るのか分配を取るのかという議論になる。これに対し、二つの政策目標に二つ以上の政策手段があれば、両方の目標とも実現可能となる。こう考えると、成長と分配の両方で成果を実現しようとするなら、成長に有効な政策、分配に有効な政策をそれぞれ準備し、その両方を同時に実行することが好ましいことになる。

もちろん、政府の政策リソースには限界があり、成長に注力すれば分配への対応がおろそかになるし、分配を重視すれば成長の成果が制約されるという面もあるかもしれない。ただ、多くの政策目標に対して多くの政策手段を準備すれば、成長と分配という二つの目標の間に深刻なトレードオフが存在するとも考えにくい。

マンデル氏の理論を当てはめると、成長と分配のそれぞれの目標には、それぞれ適した政策があることになり、成長を促すのに有効な政策、分配を是正するのに有効な政策をそれぞれに振り分ける必要が生じる。そこで重要なことは、まず、それぞれの実現のため有効な政策手段をきちっとリストアップすることだろう。成長と分配の両方を実現することができないと考えるのは、「成長こそが重要だ」とか「分配だけ配慮すればよい」など、一方だけを重視する考え方に縛られるからだが、多くの人にとっては成長も分配も両方とも重要なはずだ。

まずは、どのような政策手段が有効か検討し、その上で成長も分配も実現するような「政策振り分け」を行う必要がある。

視点②

多くの政策目標に対して、多くの政策手段を準備する。具体的にリストアップし、政策を振り分ければ、深刻なトレードオフが存在することはない。

日本の株価は「高すぎる」のか？
――「非合理な投資家」から考える

株式市場の動きは、合理的な投資家の判断を反映したものだろうか。研究者の間で大きな論争になる点である。たとえば、実体経済に比べて異様に高いように見える日本の株価は、投資家の合理的な判断の結果なのだろうか。

ファイナンス理論で支配的なのは効率市場仮説である。効率市場仮説的考え方は、投資家の合理性を強調する。市場には多くの合理的な投資家が参加しているので、「市場を出し抜くことは不可能である」と考える。多くのビジネススクールで効率市場仮説に基づくファイナンス理論が教えられ、実務の世界でもこのファイナンス理論に基づいた投資のアドバイスが行われている。

ただ、効率市場仮説が常に正しければ、バブルは起こらないはずだ。残念ながらバブルは過去に何度も起きている。そしてそこでは、市場が合理的な投資家の判断を反映しているとはとても思えない。

例えば、リーマン・ショックを例にとってみよう。２００７年の10月から09年の２月までの期間、全ての資産をＳ＆Ｐ５００種株価指数に投資していたとすれば、資産価値の半分近くを失ったことになる。Ｓ＆Ｐ５００は米国の５００社という非常に分散したポートフォリオであるにもかかわらずだ。

バブルの生成とその崩壊を見る限り、効率市場仮説のよりどころとなっている「大衆の知恵」が働いているようには見えない。むしろ、「群衆の狂気」によって市場が踊らされているように見える。

こうした市場の非合理性を説明するため、行動経済学を組み込んだファイナンス分析が多く出てきた。ファイナンス学者である米マサチューセッツ工科大学（ＭＩＴ）教授のアンドリュー・ローは、こうした動きを進化論的な市場仮説として議論を提起している。資産市場は、効率的な市場仮説が想定するような数学と物理学の世界である以上に、生物学が想定する進化論の世界であるという。

生物学的世界では、個々の投資家は高度な洗練された超合理的な投資判断を行っているわけではない。ただ、市場の間で競争と協調が繰り広げられるので、進化論的な意味で環境に適応した投資家が高いリターンを上げることになる。

人々が経済行動を行うとき、常に緻密な利潤計算をしながら行動しているわけではないことは、行動経済学によって明らかにされてきた。人々の行動は合理性を徹底的に追求したものではないだけでなく、ある種の癖を伴った非合理性なのである。「予想できる非合理性」と呼ばれるものである。

要するに人間もＡＩ（人工知能）のような数学のマシンではなく、動物なのである。投資家であっても、常に合理的に行動するわけではないという意味では例外ではない。行動経済学的な視点から資産市場での人々の行動の癖、あるいはゆがみを分析することは有益であるはずだ。

さて、そうした行動経済学的な視点から、現在の株価の状況について思いついたことを述べてみたい。行動経済学が経済学で大きな影響力を持つようになってきた理由の一つは、多くの実験の成果が出されているからだ。色々な国で行われた実験が人々のバイアスを同じように発見したとしたら、それは人間に共通する非合理な行動パターンとなる。

そのような実験の例を一つ紹介しよう。米国で行われたこの実験では、集めた学生たちに自分の社会保障番号の下二桁《けた》を書いてもらう。00から99までの数字だ。その後、ワインを提示してそれにいくら払うか聞いた。実験の結果、下二桁の数字が大きい学生は、下二桁の数字が小さい学生に比べて顕著に高い入札額を出したという。社会保障番号というワインの評価と全く関係ない数字が影響を与えたというのは驚きだ。

行動経済学者のダン・アリエリーはこの現象を「恣意の一貫性」と呼んだ。たとえ最初の「価格」が恣意的でも、それがいったん我々の意識に定着すると、現在の価格だけでなく未来の価格まで決定づけられるというのだ。この話を今の株価に当てはめるとどうなるだろうか。現状の株価が高すぎると当初は感じていたとしても、そのような価格にしばらく慣れ親しんでいるうちに、だんだんそれが自然に見えてくるのだ。行動経済学でアンカリング（いかり）効果と呼ぶものだ。

新聞やテレビで拝見する株式市場のアナリストの方々の話も、株価が急速に上昇している時には警戒するようなコメントが多かったが、株価の高位安定の状況が続くと、この状況を合理的に説明しようとする発言が増えている。株式市場でも行動経済学のアンカリング効果が観察できるようなら、それはある種の株価安定化効果を発揮することになる。

これは株価だけでなく、為替レートでも見られるように思える。10年ほど前に1ドル＝80円前後の時には110円という為替レートはとても円安に思えたのに、110円が何年も続いているとそれが当たり前のように見えてくるのだ。我々は、合理的に説明できないような資産市場の動きがあると、それを全てバブルと呼ぶ癖がある。

しかし、バブルは群衆の狂気という特異な現象である。それ以外にも合理性で説明できない株価の事例は多くあるはずだ。現在の株価がそうなら、どこかでそれが大きく修正される局面はあるだろうが。

視点③

バブルは大衆の群衆という特異な現象である。日本の株高も「効率市場仮説」だけで説明できるような、投資家の合理的な判断とは言い切れず、今後の動きに注視すべきである。

日本の財政再建に向けた、中長期的ビジョン

人間の行動は必ずしも合理的ではない。この点に着目したのが行動経済学だ。短期衝動的な行動と、長期的な合理性の衝突についての分析がある。

ダイエットの事例が一番わかりやすい。目の前においしそうなケーキがある。それを食べたいという衝動に駆られる自分と、そうした食生活を続けていたらカロリーオーバーで健康によくないという合理的な思考をする自分がいる。

結局は、「明日からダイエットすればよい」と納得して今日はケーキを食べることにする。しかし、明日になったらまた同じことの繰り返しで、結局のところ食生活は改善できずに明日も明後日《あさって》も同じことを繰り返すことになる。

この話を聞いていて日本の財政のことを思い出した人も多いはずだ。バブルが崩壊してから30年、政府の財政状況は悪化する一方である。これから少子高齢化がさらに進むこと

を考えれば、財政状況はさらに厳しいことになりそうだ。

それでも日本は一時的な財政刺激を繰り返してきた。不良債権問題と金融危機への対応、リーマン・ショックで大きく落ち込んだ経済を立て直すため、デフレからの脱却を実現するため、そして今度はコロナ禍によって壊れた経済を立て直すため。財政刺激策を導入すべきであるという、それぞれの時期の理由はもっともなものだが、いつの時期にもこうした理由が存在し、結果的に日本の財政状況は悪化する一方である。

そして、政治的なサイクルの理論が指摘するように、選挙がある時期には財政支出の議論ばかりが前面に出る。目先の欲求に流されてダイエットができず、健康に悪い食事を繰り返す人に似た面がある。

しかもさらに悪いことに、ダイエットを怠《おこた》ることで影響を受けるのは将来の「自分自身」であるが、放漫財政のツケを払わされるのは放漫財政を主導した「政権」ではないことが多いということだ。

誤解がないようにしたいが、現在の日本の現状を見たとき、財政刺激が必要ないと言っているのではない。低成長・低金利・低インフレの長期停滞から抜け出すため、そしてコロナ禍からの経済回復を加速化させるためには、財政政策の果たす役割は大きい。それも経済を確実に浮揚させる分野に財政支出を行うワイズ・スペンディングが求められる。

金利が非常に低いということも、積極的に財政支出を行う理由となっている。足元では必要な財政刺激策を取りながら、中長期的に財政健全化をどう実現していくのかが問われている。

政府の財政収支が赤字を続けるようでは、どこかで財政破綻を起こすことになる。少子高齢化で財源は先細りして、社会保障費の財政負担はさらに大きくなるだろう。財政赤字を垂れ流し続ける構造はできるだけ早く是正する必要がある。

財政再建は、日本社会の持続性の維持のために絶対に必要な条件だ。ただ、この財政収支の議論と膨れあがった公的債務の議論を混同してはいけない。膨れ上がった債務を減らすために歳出を抑えるという議論はおかしい。歳出を10兆円程度削っても、1000兆円を超える債務への影響は微々たるものである。

経済を成長軌道に乗せるために足元での財政支出に取り組むとともに、長期的な財政健全化をどう実現していくのかという二面作戦が必要となる。

ダイエットの事例に戻るが、この問題についての助言の一つに、「今日の自分の行為を決めるときに明日の自分の置かれた立場を考えてみる」とよい、というものがある。衝動的に動きやすい行為に、長期的な合理性の観点を反映させようということだ。「今日ぐらい甘いものを食べてもよいと考えれば、明日も同じような行動を繰り返すことになる」と自分を戒めるのだ。

財政再建の問題に戻ろう。財政健全化にも同じような視点が重要であると思う。アベノミクスに入る前の2012年（暦年）の日本の財政赤字は国内総生産（GDP）比で7・6％だったが、コロナ危機の直前の19年には3・4％にまで縮小している。

この財政赤字の縮小のスピードが十分だったかどうかは議論の余地があるかもしれないが、コロナ以前のアベノミクスの7年間に着実に財政赤字が縮小したことの意義は大きい。プライマリーバランスの赤字を解消する目標を設定して、政府の財政運営に規律を課してきたことが大きかった。

だがコロナ禍によって、順調に進んでいたかに見えたプライマリーバランス黒字化の計画は大きく崩れてしまった。これまで積み上げてきた努力を最初から始めなくてはならない。

コロナ禍で痛んだ経済を立て直すために大胆な財政支出を検討することも重要であるが、同時に中長期的に財政健全化へのプロセスをどう詰めていくのかということも忘れてはならない。
コロナ禍という大混乱の中なので無理もない面もあるが、財政再建の議論があまり行われていないように見えるのは残念なことだ。着実な財政健全化の計画を構築することと、足元で大規模な財政刺激策は、自動車におけるブレーキとアクセルの関係にも似ている。闇雲に財政刺激のアクセルを踏むのではなく、財政健全化計画というブレーキを持ちながらアクセルを踏む必要がある。

視点④

アベノミクスの7年間で4％強財政赤字を縮小したが、コロナ禍の大規模な財政支出で元に戻ってしまった。今後は、経済を浮揚させる財政刺激策も必要だが、健全化に向けたブレーキもかけなければならない。

インフレを財政視点でどう考えるか

日本の財政は新聞などでよく話題にはなるが、多くの人にとって日常の生活とは関係ないように見えるだろう。実際、国が１０００兆円を超える借金（債務）をしている、これを国民一人当たりにすると８００万円近くになる。そう言われてもピンとこないだろう。

しかし、借金はいつか返済をしなくてはいけない。特にコロナ危機になってからは政府の財布の紐が突然緩んでしまい、財政赤字はさらに増える状況だ。こう聞けば、このままで大丈夫だろうかと不安になる人も出てくるだろう。

日本の財政が足元で安定しているのは、金利が非常に低いからだ。巨額の債務を抱えているにもかかわらず、政府債務の金利負担は非常に低い。10年の長期国債の利回りはゼロに近い。財政赤字が膨らんで政府の借金が増えても、その分の利子負担はほとんどゼロだ。金利が低いのは日本の景気が悪いからである。皮肉なことであるが、景気が悪いことが日本の財政運営を助けている。

もし金利が大きく上昇すれば、財政運営は厳しくなる。例えば、国債の金利が1ポイント上昇すれば、国債の金利負担は1000兆円の1%、つまり10兆円増えることになる。10兆円と言われてもピンとこないかもしれないが、消費税にすると4%分に相当する。この10年で消費税率を5%引き上げたが、それによる税収増加分のほとんどが吹っ飛ぶ計算になる。

2009年に財政危機に陥ったギリシャでは、国債の利回りが30%まで高騰した。誰もギリシャの国債を買いたくないという状態になったのだ。日本の国債の利回りがそんなに上昇することはないだろうが、一般的に財政運営に懸念が出てくれば国債の金利は上昇し、国債の金利が上昇すれば財政運営はさらに難しくなる。こうした悪循環が起きるのが財政破綻である。

日本では財政危機による国債利回りの急騰は今の段階では起こらないだろう。ただ、足元で国債利回りが上昇を始めている。米国では金利が大幅に上昇している。日本でインフレが起きているわけではないが、日本の金利も連動して上昇を始めている。世界的に石油などの価格が高騰を続けているので、こうした傾向はしばらく続きそうだ。

インフレによる金利上昇は、財政運営にとっては必ずしもマイナスではない。確かに金利上昇で国債の利払いは増えるが、物価上昇によって税収も増えるからだ。それだけでなく、物価が上昇すれば、政府の債務の実質価値が目減りしていくことになる。

インフレは高齢者にとっては、あまり好ましくない。物価は上昇するが、手元にある貯蓄は増えない。高齢者が持っている預貯金は、国債などと同じようにインフレで実質価値が目減りする。インフレが起きることで、政府の借金の実質価値の目減りを国民が負担する結果になり、特に退職した人にその負担がのしかかる。

現役世代にとっては、インフレは必ずしも悪いものではない。インフレによって賃金は上がるし、住宅ローンなどの負担も軽くなる人も多いからだ。

視点5

景気が悪く、金利が低いために政府の金利負担が低く日本の財政状況は安定している。インフレによる金利上昇を容認して賃金や物価上昇を促せば、税収が増え、政府債務の実質価値が目減りする。

ポストコロナと財政再建

「財政再建について日本ではどのような議論が行われていますか」

海外から来たエコノミストに聞かれて再認識した。そういえば最近、日本では財政再建の議論がほとんどない。コロナ禍の前は、少なくともプライマリーバランスの黒字化目標の達成が重要な政策課題だった。

社会保障や公共事業などの政策経費を税収でまかなえるようにする「黒字化」に向けた動きが十分だったかどうか議論の余地はあるが、プライマリーバランスの赤字も国債費を含めた財政赤字も確実に縮小していた。アベノミクスが本格化する直前の2012年度にプライマリーバランスの赤字はGDP比で5・7％、財政赤字は6・9％だったが、18年度にはプライマリーバランスの赤字は2・3％、財政赤字も3・2％に縮小した。

19年度の終盤にコロナ禍が起き、その後はコロナ対策で政府の財政運営は危機モードになった。財政赤字が膨れ上がり、政府債務残高は一段と拡大した。コロナ禍を経て、日本の財政状況は厳しさを増した。それでも歴史的な低金利が日本の財政運営の助けになってきた。22年度予算で、政府長期債務はＧＤＰ比で１９２％の約１０８５兆円と巨額だが、利払い費はＧＤＰ比１・４％の８兆円強にとどまる。日本の政府債務は主要国でも突出して多いが、歳出に占める利払いの割合は、多くの主要国と同程度の水準だ。

金利が低いのは、日本銀行による超金融緩和策の影響も大きいが、日本の景気が「長期停滞」と呼ばれる低迷を続けてきたことも大きい。この30年、主要国の長期金利は低下を続けた。日本もその流れに乗って、経済の低迷が広がっていた。景気低迷の原因であり結果でもあるが、日本企業の投資は低調で、民間企業部門の貯蓄投資差額（資金余剰額）はＧＤＰ比で５％超えが続き、政府の財政赤字（政府の資金不足）より大きかった。

結果的に企業の余剰資金が政府の財政赤字を支える構図である。政府の財政赤字は困難なくファイナンスされ、公的債務が膨れ上がっても長期金利（国債利回り）は非常に低い水準を維持していた。景気は低迷しているのに、経済は安定した状況が続いた。

問題は、コロナ禍の収束にあわせ、世界的にインフレと金利上昇が始まり、それまでの「低位安定」に戻るとは思えないことだ。ポストコロナの財政運営をきちんと考える時期に来ていることは明らかだ。財政運営の大きな懸念材料は国債の利回りの上昇である。政府債務残高が多くても利回りが非常に低いおかげで財政が回っている。膨大な債務を抱えたまま金利が上昇すれば、利払い負担は大幅に増える。

財務省の試算によると、想定より金利が1％上昇すると、2025年時点の元利払いの負担は3・7兆円増えるという。消費税収でまかなうとすれば、税率1・7％分に相当する。わずか1％の金利上昇で大きな負担増が生じるのは、債務の規模が大きいからだ。

過去に発行した国債の金利は償還まで固定されている。金利上昇は国債の借り換えや新規発行分だけに反映される。ちなみに、日本の国債の平均残存期間はおおよそ9年であり、発行残高の32・3％は残存期間が10年以上だ。それでも、金利上昇が始まれば、利払い負担は年を経るごとに大きくなっていく。

ただ、話はそれほど単純ではない。仮に金利の上昇が起きた場合、その原因が何であるかが問題となる。物価上昇が金利を引き上げるような状況であれば、金利の上昇によって利払いが増えると同時に、物価の上昇によって名目価値の税収も増える。物価上昇分だけ税収が増え、名目金利の上昇分だけ利払い負担が増えれば、財政の負荷は増加しない。経済学的に言えば、物価と金利が同じように上昇すれば実質金利は変わらず、財政への負荷も変わらない、ということだ。一方、国債の利回りの上昇が財政への懸念の増大によって起きた場合は、そううまくはいかない。物価が上がらない中で名目金利が上昇すれば、実質金利の上昇によって財政への負荷は強まる。欧州で、ギリシャやイタリアの金利が大きく上昇して深刻な問題になると懸念されているのは、こうした理由による。

日本の財政状況がギリシャやイタリアと同じというわけではないが、日本は公的債務の規模が突出して大きい。日本の財政が健全だと、市場に示すことが重要となる。コロナ前にプライマリーバランスの黒字化目標を設定し、努力を続けたことは大きな意味があった。コロナ後の財政運営でも、この黒字化スケジュールを明確にすることが必要だ。

物価以上に金利が上昇する経済状況、つまり実質金利が上昇していく可能性に関しては、より重要な点がある。景気を回復させようとすれば、実質金利が上がることを想定しなくてはならないということだ。

そもそも実質金利が非常に低かったのは、民間企業が投資に消極的で巨額の資金余剰が出ていたからだ。景気の低迷が財政運営を助けていた面がある。ただし、コロナ後にこのような長期停滞に戻ることがあってはならない。経済を活性化するには、企業が投資を拡大させ、賃上げによって国民の所得を引き上げる必要がある。そうなれば企業の資金余剰は縮小して、実質金利は上昇することになる。財政運営には都合の悪い動きである。

とはいえ、政府には民間投資を活性化させる財政政策が求められている。例えば、半導体の生産拡大に巨額の公的支援を実施する。脱炭素分野では、今後10年で150兆円の官民投資を行う方向だ。特別な国債で調達する20兆円の公的資金を、先行投入することも検討している。民間投資を刺激する財政・産業政策は必要だが、その分、財政健全化のハードルは高くなる。このジレンマが、問題を複雑にしている。財政を悪化させずに財政支出で民間投資を刺激するには、税金などで財源を確保した上で支出することが有効である。

これは経済学で「均衡財政乗数」として議論される。脱炭素の基金は将来の財源を想定した財政支出であり、均衡財政乗数の考え方に近い。東日本大震災の復興財源を復興増税でまかなったケースにも似た面がある。財政健全性を損なわずに経済をどう活性化するか。長期停滞の時代とは異なる財政運営が求められる。

視点⑥

コロナ対策で膨れ上がった財政赤字。再び長期停滞に戻ることがないよう、企業が投資を拡大し、賃金を上げて、国民の所得を引き上げる財政政策を実施すべきだ。

早急に望まれる税制改革――「富裕税」というアイデア

所得が高いほど税率が上がっていくことを累進課税という。所得の高い人により多くの税金を負担してもらうことで、所得格差を緩和させようという狙いがある。実際、国税ベースで見て、課税所得３００万円の人には10％の所得税がかかるが、課税所得４０００万円を超える人には45％の所得税がかかる。これは国税の税率だが、これに10％の地方税が加わると考えてよい。

こうした数字を見ると、累進課税制度が機能していて所得の格差は税によって是正されているように見える。しかし、これは課税所得５０００万円ぐらいまでの人の話で、それよりも所得の多い人はそれほど税金を払っていないようだ。年間の所得が１億円を超えるあたりから課税負担率（所得の中で税金に払う割合）は減少に転じ、年収50億円の人は13％程度の税金しか払っていないという試算もある。

なぜこのようなことが起きているのか。それは、所得には累進課税がかかる給与所得と、分離課税の対象となる金融所得があるからだ。金融所得とは株式の配当や債券の利子、そして株式売却による利益などが含まれる。これらの所得は給与所得と分離され、現在は国と地方を合わせて20％のフラットな税となっている。つまり金融所得が1億円だろうが100億円だろうが、税率は同じで、わずか20％の税金しか払っていないということだ。所得が高い人ほど、所得に占める金融所得の割合が多くなるので、結果的に税負担も軽くなる。

富裕層ほど税金の負担が軽くなるというのは、日本だけの現象ではない。富裕層ほど金融所得の割合が多く、結果的に税負担が軽くなっているということは、どこの国でも見られる。そして富裕層の税負担が低いことに対して批判の声が上がっている。

岸田首相は就任前後に、この税の格差の問題に手をつけるというような発言をした。これに対して金融界などが猛反発した。株式の配当や預金の金利への税金が、分離課税で低率であるからこそ金融市場は健全に機能している。その税率を上げることは、富裕層のみならず多くの国民に負担をかけることになる、という批判だ。金融所得に高い税率をかけると、金融市場の機能が大幅に低下してしまうというのだ。

こうした批判もあって、金融所得への税率を引き上げるという議論は聞かれなくなった。確かに金融所得の税率を上げるという手法には無理がある。しかし、1億円を超えると、所得が高いほど税率が低くなるというのは、どう考えてもフェアではない。

そこで金融所得の税率には手をつけないで、富裕層だけ特別に富裕税のようなものを課すのはどうかという議論が出ている。日本で1億円以上の所得を稼いでいるのは、約2万3000人、人口割合にしたら0・037%、つまり2725人に1人しかいない。それだけ限られた人であれば、別途富裕税をかけることは可能だ。格差是正にも有効だろう。

ただ、そうした税制を導入すると、富裕層の海外への逃避を促すことになるかもしれない。いずれにしても、格差是正のための税制は重要な課題だが、簡単に解決することはできないようだ。

視点⑦

年間所得が1億円を超えるあたりから課税負担率が減少に転じる。税の格差を解消するためには、金融界が反発する金融所得の税率には手をつけず、富裕税を検討してもいい。

今求められている「気候変動やデジタル化への公共投資」

マクロ経済政策にポリシーミックスという考え方がある。複数の政策目標を同時に実現するため、いくつかの政策手段を組み合わせるという考え方で、政策目標が二つあれば、政策手段も二つは必要となる。その二つの政策手段をどう使い分けるのか。今後の日本のマクロ経済運営を考えるとき、このポリシーミックスの視点が重要となる。

これまで日本では金融緩和を中心とした政策運営が行われてきた。デフレ解消という政策目標のためには金融緩和が必要であると考え、低迷している景気を刺激する効果も期待できた。コロナ禍以前、財政についてはプライマリーバランス黒字化のシナリオの中で抑制気味に運営されていた。アベノミクスが始まってからコロナ禍が起こるまでの7年間で財政赤字は大幅に減少している。

しかし、今後のマクロ経済政策は、こうした金融緩和・財政抑制という旧来の姿の変更が求められる。今後の物価の動き次第ではあるが、金融政策についてはこれまでのような超緩和を続けることにはならないだろう。インフレの展開によっては、海外の多くの国を追いかけ金融引き締めに移行することもあり得るし、金融引き締めに移行するほど、財政で景気を支える必要が出てくる。ポリシーミックスは、政策目標がデフレ・景気対策からインフレ・景気対策へと変化するのに伴い、政策手段も金融緩和・財政抑制から金融抑制・財政刺激にシフトしていくことになる。これは日本だけでなく、世界の主要国が同じ方向に動いている。

問題は現在の日本の財政状況だ。景気刺激策は財源を要するが、巨額の公的債務を抱えながらさらに財政赤字を増やすことができるのか。金利が上昇していくと国債の利払い負担が増え、財政不安を起こすことも懸念される。そうは言っても、気候変動問題への対応やデジタル化の推進で、政府支出に期待する部分も小さくない。財政赤字を増やさないで財政支出を増やす方法はないものだろうか。

ないわけではない。教科書的な経済理論に「均衡財政乗数」という考え方がある。財政支出で公共投資を行えば、増税で全額まかなっても、その分だけマクロ政策による需要が喚起され、国民の所得も増大するというものだ。均衡財政乗数を1とすれば、増税分はそのまま需要拡大につながり、財政の景気刺激効果が生まれることになる。

政府が検討している気候変動への公共投資策は、そうした政策の典型である。150兆円の官民投資を生み出すために20兆円の公的支出を行おうというものだが、財源は当面は基金とするとしても将来、税収でまかなうことが重要な論点になるだろう。

ただ、グリーンやデジタル分野での公的投資策が民間投資を大幅に増やす効果があれば、均衡財政乗数は1よりも大きくなる。つまり、景気を刺激する効果はさらに大きくなる。追加的な財政赤字を出さない形でいかに財政刺激効果を作り出すのか。これは今後のマクロ政策運営の重要なポイントとなる。

視点⑧

これまでのようにデフレ解消・景気への刺激を期待する金融緩和政策を続けることはできない。公共投資によって「均衡財政乗数」を1以上にする財政政策を行わなければならない。

第3章

進行する円安・インフレ

——「安い日本」への処方箋——

日本の物価上昇をどう見るべきか？

足元で日本の物価がじわじわと上昇を始めている。賃金やサービス価格などがなかなか上昇しないので、諸外国と比べると日本はインフレとは言えない状況だ。ただ、ガソリンや電力などのエネルギーや、食料の価格は顕著に高くなっている。世界的に資源価格や食料価格が急騰しており、その多くを輸入に頼る日本であるので、食料やエネルギーの価格が高くなるのは当然である。

食料やエネルギーの価格が急騰すれば、私たちの生活は直接的な被害を受ける。食料価格の上昇があると暴動や政治への批判の高まりにつながる国が多くあるのは、食料価格が私たちの生活にとって重要なものであるからだ。過去のインフレでも、食料価格が上がると途上国では暴動が起きるところもあるし、欧米のような先進国でも政権に対する不満が強くなっていく。現在、そうしたことが顕著に起きているわけではないが、今後の動きには注目する必要がある。

日本でもガソリンの価格が顕著に上がり始めたので、政府が財政資金を使ってこれ以上ガソリンの価格が上がらないように対応した。おかげでガソリン価格の上昇が止まっているようにも見える。ガソリン価格が上がると、一般の国民はもちろん、輸送関係のコスト増によって多くの中小企業の経営にも響く。そうした事態を避けるためには、財政資金を使ってでもガソリン価格の上昇を抑えたい。これが政府の思惑だ。

ただ、よく考えるとおかしな面もある。国民が払う税金を使ってガソリンに補助金を出しているわけだから、結局はそれを負担しているのは国民である。また、原油価格の高騰が一時的なものであるなら、そうした緊急事態への対応策としてガソリンへの財政資金の投入ということも正当化できるかもしれない。ただ、ウクライナ情勢の長期化やロシアに対する経済制裁がさらに長期化することを考えると、高騰している石油や天然ガスの価格が早い段階で落ち着きを戻すという保証もない。永遠に税金を使ってガソリンに補助金を流し続けるということもできないだろう。

ガソリンについては政治的な判断で補助金を出すことに決めた。ただ、価格が上昇しているのはガソリンだけではない。電気やガスの料金も世界のエネルギー価格と連動している。それが上昇を続ければ、やはり国民の生活や中小企業の経営を圧迫する。そして食料価格の上昇も国民の不満を高めていく。

このように悪いように考えていくと、インフレとはなかなか厄介なものである。日本では30年以上もインフレがなかったので、あまり実感を持てない人が多いだろう。また、深刻なインフレを経験した1970年代も、当時の日本は経済全体が高成長を続けている状態だったので、国民もそれなりに生活を維持することができた。残念ながら、今の日本の成長力は弱い。所得が上がらない中で食料やエネルギーの価格だけが上がっていく事態は厳しい。国民の不満も高まるだろう。これ以上、グローバルなエネルギー価格や食料価格の上昇が続かないことを祈るばかりだ。

視点1

物価が徐々に上がってきている。ガソリン価格の上昇を抑えるために政府は補助金を出すことを決めたが、賃金が上がらず生活が苦しくなっている国民への対応をこそ考えるべきだ。

懸念される「スタグフレーション」への対応策

「スタグフレーション」という言葉を聞くのは久しぶりだ。インフレーションとは、通常は景気が過熱しているときに起きるものだが、スタグフレーションでは景気が落ち込んでいるのに物価が上昇を続ける。こうした特異な現象を懸念しなくてはいけないのは、ウクライナ危機という異常事態の中で、原油・天然ガスや食糧の供給の逼迫が起き、コストプッシュ型のインフレが起きているからだ。

もっとも、現時点でスタグフレーションになっているわけではない。インフレが先行している米国では、雇用の統計などを見る限り、スタグネーション（経済不況）になってはいない。日本ではウクライナ危機の経済へのマイナスの影響は気になるが、現時点で消費者物価の上昇率は欧米よりも低い。

今の時点ではスタグフレーションと騒ぐべきではない。物価と景気の両方の動きを注意深く見守るしかない。ただウクライナ情勢は短期間で正常化するようには見えない。戦闘行為が早期に終息しても、西側諸国によるロシアへの経済制裁の影響は長期化し、原燃料の価格高騰が早期に収まるようにも見えない。こうした流れがコストプッシュ型のインフレを長引かせ、景気の後退を伴う可能性は否定できない。

スタグフレーションに直面した時、マクロ経済政策はどのようなスタンスを取るのが好ましいのか。インフレーションとスタグネーションという二つの動きに対応するためには、少なくとも二つの政策を準備する必要がある。政策目標が二つあれば、政策手段も二つ必要となるという、ティンバーゲン＝マンデルのポリシーミックスの考え方だ。

マクロ経済政策ということで言えば、金融政策と財政政策の組み合わせをどうすべきか、ということになる。景気過熱による物価上昇という通常のインフレーションであれば、話は簡単だ。景気過熱を抑えることがインフレを抑制することにもつながる。財政も金融も引き締めぎみにすればよい。

しかし、インフレと不況の組み合わせということになると、財政政策と金融政策の方向を逆にすることが必要となる。常識的に考えれば、インフレを抑制するために金融は引き締め気味に、そして不況への対応として財政は景気刺激の方向に活用するということだろう。インフレを抑えるために財政を引き締め、景気を刺激するために金融を緩和するという組み合わせは考えにくい。

問題はこうしたポリシーミックスで、どこまでスタグフレーションに対応できるのかということだ。

まず金融政策だが、資源価格の高騰などで物価が上昇している時、金融引き締めで効果がどこまで期待できるかわからない。ただ、これまでデフレへの対策として極端なまでに金融緩和を続けてきたが、インフレが顕在化すればそうした金融緩和のスタンスを変更しなくてはならない。インフレが起きているときに、マイナス金利、イールドカーブ・コントロール、量的緩和の継続、ということにはならないだろう。

もちろんすでに述べたように、現時点で日本のインフレが深刻になっているわけではない。ただ、物価が上昇を続けるようであれば、10年近く続いた金融政策の超緩和の流れが大きく転換することになる。

では財政政策はどう運営すべきだろうか。スタグフレーションということであれば、財政は刺激気味に運営するということになる。

ここで強調しておきたいことがある。財政・金融のポリシーミックスは、アベノミクスからコロナまでの7年間、金融緩和・財政引き締めで運用されてきたということだ。この時期に金融緩和であったことは言うまでもないが、財政は引き締め方向に推移したと述べてよいだろう。アベノミクスの前年の2012年には財政赤字はGDP比で7・6%だったが、コロナ前の19年には3・4%まで減少している。消費税率もこの間に5%から10%に引き上げられている。

財政健全化の実現のために赤字削減が十分なスピードであったかどうかは議論のあるところだろうが、財政引き締め方向で推移してきたことは間違いない。スタグフレーションに対応するポリシーミックスは、コロナ以前と財政も金融も逆の方向になることになる。

財政政策についてもう少しコメントしよう。コロナ危機までは財政は引き締め気味できたが、コロナ禍の中で大規模な財政支出が続いている。こうしたコロナ禍への緊急対応をいつまでも続けることはできない。コロナ後の財政健全化路線への復帰を模索しなくてはならない。

ただ、コロナ後の経済回復を実現するためには、より積極的な財政政策の活用を求める声も大きい。欧米で、デジタル化や気候変動対応などでの民間投資を刺激するような積極的な財政政策を導入する動きがある。財政政策を活用した産業の活性化という意味で、財政政策と産業政策の組み合わせということになる。

スタグフレーションへの対応として財政刺激がどこまで即効性があるかは疑問であるが、コロナ禍、そしてウクライナ危機と続いて弱体化した経済を立て直すためには、より踏み込んだ財政政策の活用が必要となるだろう。

視点②

コロナ禍とウクライナ危機で低迷する日本経済。インフレと不況に対しては、財政は刺激気味に運営し、金融は引き締めるという逆の政策をする必要がある。

「安い日本」で経済活性化する秘策

日本の物価や賃金が主要先進国の中でも突出して安くなっている。よく引用されるのがマクドナルドのビッグマックの価格である。日本で400円台で購入できるビッグマックは、スイスでは900円前後になる。スイスだけではなく、40カ国ぐらいで日本よりビッグマックの価格は高いようだ。

ビッグマックだけではない。アップルは世界でもっとも安い価格になっている日本でのMacやiPhoneなどの製品価格を引き上げると発表した。日本で価格が安いのはマック（マクドナルド）やMac（アップルの製品）だけではない。あらゆる分野で日本国内では物価の安さが突出している。

不動産の価格もその一例だ。東京の高級住宅街のマンション価格も、海外から見たらとても割安であるようだ。高級マンションを高値で買う中国人などが多いと聞く。割安である日本の物件は投資対象として魅力的なのだろう。ホテルの値段でも同じような現象が見られる。海外主要都市の高級ホテルの料金は、１泊５万円から10万円するのが当たり前で、３万円程度で泊まれる日本の高級ホテルはとても安く感じるそうだ。日本国内では日本人は安いホテルに宿泊し、外国人が10万円近い高級ホテルに泊まるということが当たり前のようになっている。

こういう話を聞くと、日本は貧しくなってしまったのか、と寂しい気持ちになる。日本の経済がピークであったのは１９９０年代の中頃だった。当時は超円高であり、日本の物価は世界でも有数に高いものだった。日本の観光客は海外で安い物価を満喫できたし、日本の企業は海外の企業を多く買収していった。今は当時と正反対の状況であり、円安は「安くなった日本」の象徴的な存在である。

今の状況がよいとは思わない。円安で食料の輸入価格がさらに上がれば、私たちの台所を直撃することになる。過度な円安を是正するような政策努力は必要だろう。ただ、日本が全てに安くなってしまったのは、足元の円安だけが理由ではない。20年以上続いているデフレの結果でもある。デフレで日本の賃金や物価が上がらないことで、日本の全てが海外に比べて安くなっていったのだ。

嘆いていてもしかたない。割安感が出ている日本経済の状況を、日本経済を活性化させる手段として活用することを考える必要がある。コロナ後を見通したインバウンドには大いに期待できる。安くなった日本に向けて多くの観光客がくるだろう。地域の製造業にも期待できる。これまでは人件費でコストが高いことが輸出競争力を弱めていたが、現状では日本の製造業のコスト競争力は高まっている。

先日、茨城県で、2000億円規模で大規模な工場建設を進める素材メーカーの話を聞く機会があったが、国内生産が品質とコストのバランスでも有利だという。海外からの投資が増えているのは、不動産だけではない。製造業でも日本の企業へ投資したいという海外の投資家も増えている。日本のバーゲンセールを行う必要はないが、海外の資金を積極的に取り込むよいチャンスである。

視点③

ビッグマックやiPhone、不動産価格まで、日本は海外よりも突出して安くなっている。1990年代と比べて隔世の感があるが、この超円安は海外の資金を取り組む絶好のチャンスとも言える。

超円安時代に求められる「国内投資」という視点

急速な円安が進んでいる。物価や賃金の動きも加味した実質実効レートで見ると、過去50年で最も円安である。ちなみに実質実効レートで見て戦後で最も円高だったのは１９９５年である。この30年近くでずいぶん変わったものだが、この間の経済環境の変化を見れば、日本経済復活の糸口が見つかりそうだ。

１９９５年の超円高の時、日本の物価や賃金は近隣諸国に比べて格段に高かった。高いコストの日本から輸出することは困難になり、日本の企業は海外生産を進めていった。円高のおかげで海外の製品は安く購入できたので、小売業は価格破壊を前面に出し、輸入を拡大した。その結果、日本の製品輸入比率はどんどん高くなっていった。

輸出企業が海外に生産をシフトするのも、輸入企業が海外から安価な製品を大量に輸入するのも、経営の合理性にかなった行動であった。企業が海外に展開して、国内での活動がおろそかになることを空洞化と呼び警鐘を鳴らす人もいたが、空洞化論はいつの間にか下火になってしまった。超円高の中では、積極的に海外に打って出ることの利点の方が多いように見えたのだ。

それから30年近く経って、経済環境は大きく変化した。実質実効レートで見た円の価値は半分以下になった。超円安の時代、ドルなど外貨で評価した日本人の所得は下がるばかりだ。円安になった要因はさまざまだが、日本の産業の競争力が劣化したことの影響も大きい。

産業の競争力の劣化は、日本経済の空洞化と深く関係しているように見える。近年、日本の企業は海外には積極的に投資をしているが、国内ではあまり投資していない。製造業の色々な企業の話を聞いても、海外では新しいビジネスや先端技術で積極的に投資をしていても、国内では投資といっても設備の維持や更新のためが多い。投資が海外に逃げているのは、空洞化が起きているということである。国内で新規投資が少なければ、雇用者所得も増えない。

日本経済の空洞化の引き金を引いたのが超円高であったが、その空洞化の結果、超円安になってしまったのである。

しかし、今度はそれが逆に空洞化の流れに歯止めをかけるかもしれない。円安によって、日本で生産する方が海外よりもコストが低くなる製品も増えているはずだからだ。超円高によって産業の空洞化が始まったとしたら、超円安はその是正を促す力となることが期待される。

円安というと、一時は名目レートで１ドル＝１５０円水準まで達したこの１年のドル高円安の動きが注目されるが、実は少し前の１１０円でも十分に円安である。実質実効レートに反映される円安はもっと前から顕著で、その誘因はこの30年、賃金や物価が上がらず、海外に比べ日本の賃金が低くなったことだ。

半導体世界大手の台湾積体電路製造（ＴＳＭＣ）が九州に投資した工場では、当地の企業よりも数万円高い初任給を出すといわれている。日本の企業でも外資でも、日本に積極的に投資が行われれば、地域経済の活力につながるはずだ。

視点④

実質実効レートで見ると、過去30年で最も円安になった。物価や賃金の安い日本に投資して生産すれば、空洞化が是正され、地域経済の活性化にもつながるだろう。

今こそ低価格競争からの脱却が必要だ

食料やエネルギーの価格高騰で、消費財メーカーの費用が上がり続け、利益を大きく圧縮している。売上水準は維持してはいるが、原材料費の増加を吸収できないでいる。こうした事態に対応するには、価格を上げるしかない。価格を上げていくしか当面の対応は考えられないという企業も多いだろう。

ただ、価格を上げることで需要が大きく下がるようでは、費用増を売り上げ増加でカバーすることはできない。どこまで価格を上げることができるのか、需要の価格弾性値や小売業者の対応など、メーカーは難しい対応を迫られている。

このように書くと、費用をどこまで価格に上乗せできるのか、という物価だけの問題にとられがちだ。インフレなのだから、価格に転嫁する必要があるという面はある。ただ、経済学の世界で私が若い頃からたたき込まれてきたことは、価格を論じるときに、絶対価格と相対価格をきちっと区別することの重要性だ。

今、企業が直面しているのは物価が上昇を続けるという絶対価格の問題でもあるが、それ以上に重要なことは食料やエネルギーなどの原燃料が、サービスや賃金などの価格に対して相対的に大きく上昇しているということだ。つまり、相対価格に大きな変化が起きている。相対価格の変化は、企業の経営に大きく影響を及ぼす。単に製品価格に転嫁するという絶対価格の対応だけでは済まない。

相対価格ということで言えば、マスコミなどで取り上げられることが増えている交易条件はその典型である。海外から一定の輸入をするために日本からどれだけの物を輸出しなくてはいけないか。これを数値で示したものが交易条件だ。主たる輸入品である食料やエネルギーの価格が高騰することで日本の交易条件は大幅に悪化している。円安になったことも交易条件の悪化に反映されている。こうした交易条件の悪化で、日本の貿易収支の赤字も拡大している。

要するに海外から輸入するものが国内での商品やサービスの価格よりも大幅に高くなっている。原材料など海外から多く輸入している消費財メーカーの経営に影響が出ないはずはない。それへの対応策は、単に最終価格に転嫁するだけでなく、原材料費が上がっている中での商品戦略や販売戦略の大きな変更が求められるはずだ。

具体的な対応策は企業によって異なるだろうが、その基本は、日本の交易条件が最もよかった1995年前後と逆の戦略が求められるということだ。当時は海外から安く購入できる原材料をいかに商品や価格に反映させるのか、ということが重要であった。価格破壊が問われていたのだ。

それから30年近くたって交易条件がここまで悪化していれば、価格破壊と逆のビジネスモデルの展開が求められる。もちろん、ただ価格を上げることではない。消費者がより高い価格を受け入れられるような品質、ブランド戦略、流通チャネルの見直しなど、さまざまな方向での展開が考えられる。時代は、脱価格破壊を企業に求めている。

視点⑤
食料やエネルギー価格の高騰を、商品価格に反映させるしかなくなってきた。だが、単に価格を上げるだけでなく、品質・ブランド戦略なども同時に見直す必要がある。

経済学の力で「貧困問題」を解決する

所得格差を解消して貧困の連鎖をどう断ち切るのか。日本にとって大きな問題だ。岸田政権では格差の是正が大きな課題となっているが、これを機会に政策論議が進むことを期待したい。

経済学の世界では、貧困への対策について多くの研究がある。特に途上国の貧困については、さまざまな論議が行われている。1日1ドル75セント（約200円）以下の生活では、十分な栄養を摂ることが難しい。そうした絶対的貧困の状態にある人にどう支援をするのかが問われている。

こうした貧困に対する最も単純な対応策は、十分な栄養を摂れるように100円なり200円の金銭的支援を行うということだ。そうした支援で食べるものを購入できるからだ。ただ、金銭支援はあまり高く評価されていない。お金をもらった親が子供の食料に回さず、酒の購入などに使ってしまうということがよく起こる。

そこで金銭の代わりに食料などを現物支援するという手法が考えられる。こうした食料支援は、もちろん、飢餓や栄養失調を減らすために有効ではある。しかし、貧困の根本原因が解消されなければ、こうした支援を永遠に続けなくてはならない。そこで「困った人々に魚を提供するのではなく、釣りざおを与えるべきだ」という言い方がされる。貧困に苦しむ人が、自分の力で色々なことができるような仕組みを作ることではじめて貧困の連鎖が解消するという意味だ。

このような途上国の支援に関する議論は、現在の日本についても当てはまるだろう。日本で広がっている貧困の連鎖を止めるためには、とりあえずは緊急避難的に所得支援や食料支援が必要なことは間違いない。だが、それを繰り返しているだけでは問題の根本的な解決にならない。

それでは貧困の対策として有効な「釣りざお」は何だろうか。さまざまなものが考えられるが、教育が最も重要な候補であると多くの人が考えるだろう。貧困対策はもちろん、弱体化しているといわれる中間所得層を強化するためにも、教育システムが果たすべき重要性は再認識すべきだろう。

足元の現実を見ると、日本の教育システムは劣化が激しい。所得格差が教育格差を生み出し、教育システムが貧困の連鎖の原因になっている。高齢化が進んで医療や介護に資金が必要なことはわかるが、その影響もあって教育への予算の削減が続いている。教育費に支出される財政資金がGDPに占める割合では、日本は先進国の中で最低水準にある。

戦後日本の復興と経済成長は、優れた教育制度がその基本にあった。優れた公立の教育システムが全国津々浦々に整備されていて、親の所得が低くても優れた教育が受けられた。貧困の連鎖ではなく、教育は未来に向かっての懸け橋となっていたのだ。

教育への財政支出を増やしただけで、状況が改善するというわけではないかもしれない。ただ、この30年間のように教育費を削っていくのでは、教育の劣化を止めることはできない。岸田首相は新しい資本主義を唱えている。それならその基礎には優れた教育システムがなければいけないはずだ。

視点⑥
日本の貧困対策に有効な「釣りざお」は、先進国中、GDP比で最低水準の支出である「教育」が最優先候補だ。この30年で劣化した教育システムの再構築が急務だ。

第4章

日本人の給料と働き方は
どうなるのか？

日本人の賃金を上げるために必要なこと

この20年ほど、欧米では賃金がそれなりに増えているが、日本では全く増えていない。政府は企業が賃金を引き上げるように度々要請してきたが、相変わらず賃金は低迷している。企業に賃金を増やす余裕がないわけではない。企業の利益の多くが内部留保として退蔵されているからだ。こうしたお金を賃上げや投資に回すことをキャッシュアウトという。資金を使うというような意味だ。このキャッシュアウトが行われずに多くの資金が退蔵されていることが、日本経済の停滞の大きな要因であると指摘する専門家も多い。

ただ、賃上げは政府の指示によって行われるというものでもない。市場経済では需要と供給によって賃金が決まるのが原則だ。労働者にとっても日本経済にとっても賃金を上げることが好ましいことであっても、全ての企業が一斉に賃金を上げるというのは、社会主義経済でもなければ難しい。

そこで、そもそもなぜ賃金が上がらないのかということを根本から考える必要がある。多くの専門家が指摘するのは、企業による労働者のスキルへの投資が減退していることだ。労働者の能力が高くなれば、それだけ企業の利益につながるはずだ。その分、賃金を引き上げることが可能となる。そもそも能力が上がった労働者を引き留めるためにも、賃金を引き上げることが必要となる。

なぜ企業は従業員のスキルアップに投資をしなくなったのだろうか。そんな余裕がない、という答えが返ってきそうだ。労働者のスキルアップを怠るので、労働者のスキルが上がらない。結果、労働者に高い賃金も払えない、という悪循環が生まれている。

しかし、従業員のスキルにきちっとお金を使っている企業がないわけではない。牛丼チェーンの吉野家の会長だった安部《あべ》修仁《しゅうじ》氏は高卒のバンドマンから社長にまでなった有名人だが、まだアルバイト上がりで吉野家に勤めていた若い時、当時の吉野家の創業者から米国で勉強する機会を与えてもらった。見込みのある若者に惜しみなく教育資金をつぎ込んだことが、吉野家の成長につながったようだ。

先日、日本を代表する大手弁護士事務所の方から聞いた話だが、この事務所では若手の有望な弁護士が米国のロースクールで学ぶ費用を全て出しているようだ。事務所の費用で留学した若手弁護士がますますスキルアップして、事務所の経営を支えているわけだ。

もちろん、留学支援は企業が行える教育支援の特殊な例にすぎない。ほかにも従業員のスキルを向上させるために企業ができる支援は色々な形があるはずだ。どんな形であれそうした支援をすることで従業員の生産性は高まり、企業の業績も高くなるはずだ。そうした当たり前のことを怠ってきたことが、日本の企業の競争力を低下させ、日本の賃金の停滞の原因となってきた。

企業の競争力を決める上で労働者の能力がますます重要になってきているという研究成果もある。労働者は安い賃金で使い捨てにする存在ではなく、技能を磨いて企業とともに成長する存在でなくてはいけない。

視点1

企業の利益の多くがキャッシュアウトされずに内部留保として退蔵されている。従業員のスキルアップに投資し、生産性を高めることで業績を上げ、賃上げにつなげるという好循環に持っていく必要がある。

日本の労働環境の何が問題か？

日本の労働者は終身雇用や年功賃金など、いわゆる日本的雇用制度で守られていると言われる。日本が成長を続けた30年以上前までは、日本的雇用制度は好ましいものと考えられてきた。しかし、バブルが崩壊してからは、日本的雇用について多くの問題点が指摘されるようになった。いくつかその批判点をあげてみよう。

終身雇用で守られているのは、労働者全体の３割程度に当たる大企業の労働者や公務員だけであり、中小企業の従業員など残りの７割は終身雇用の恩恵を受けられない。また、多くの職場でパートやアルバイトなどの非正規労働が増えている。

年功賃金で賃金が硬直的であるため、優秀な人材を企業が確保することが困難になっている。例えばデジタル技術の広がりでＩＴ人材が極端に不足している。ＩＴ人材の有効求人倍率は10倍に近い水準である。つまり、１人の求職数に対して10人の求人数である。企業がＩＴ人材の給与を大幅に上げれば、この分野にもっと人材が流れることが期待されるが、日本の給与体系ではそれも難しい。海外ではＩＴ人材への給与はかなり高くなっており、日本は大きく見劣りする状況である。

日本的な仕組みは、雇用に安定をもたらすと言われてきた。しかし、安定は硬直性にもつながる。経済条件の変化に対する賃金や雇用の反応が遅く、好ましくない状態が長引くことにもなる。現在の日本の雇用情勢にもそうした側面が見られる。資源価格や食料価格が激しく上昇する中で、米国では賃金も上昇を続けている。インフレが激しくなることは好ましいことではないが、賃金が増えればその影響を軽減することもできる。賃金が柔軟に雇用を調整する米国型の仕組みの利点だ。

では日本はどうなっているのか。食料やエネルギーの値段が高くなっているのは日本も同じだ。ただ、賃金の反応は鈍く、その上昇率も鈍い。年功賃金で固定的に賃金を決めている多くの企業にとって、賃金を大幅に上げるのは難しいということだろう。食費や燃料費が高くなって生活費が上がっているのに、賃金があまり上がらなければ人々の生活は苦しくなる一方だ。専門的な言い方をすれば、物価が上がっても賃金が上がらなければ、実質賃金は下がっていることになる。

こうした状態が続くことは、社会全体にとって好ましいことではない。雇用情勢によって賃金が柔軟に対応し、特に物価が上がる時には賃金もそれなりに上昇することが望ましい。人手が足りない分野の賃金が他よりも高くなって、より多くの人を引き付けるようになる。こうした当たり前のことが、日本的雇用や年功賃金という旧来の仕組みによって妨げられているのだ。

雇用環境が優れているといわれる北欧などでは、労働市場は柔軟性を持っているし、解雇なども頻繁に起こるが、その分、政府が雇用支援や失業保険を充実させてサポートを行っている。政府があまり関与せずに市場の硬直性で雇用や賃金を安定させようという日本型よりも、市場には柔軟性を持たせ、政府が労働者をしっかりと守るという北欧型の方が好ましいように見える。

視点②

終身雇用は30年前のバブルと共にすでに崩壊しており、硬直化した賃金は、優秀なデジタル技術の人材を確保しづらくさせている。日本経済を成長させるためにも、市場の柔軟性が求められる。

日本の労働市場を硬直化させている「法人共助」

法人共助という言い方がある。企業は従業員の生活を守るため、雇用や医療などさまざまな面で支援をするということだ。法人共助には色々な側面があるが、ここでは雇用を取り上げてみたい。法人共助の結果として、企業は安易に従業員を解雇することができない。景気が悪くても、企業が雇用を維持することが、日本的雇用の安定性につながるとも言われてきた。

ただ、こうした雇用制度がさまざまな問題を引き起こしている。いったん採用すると解雇が難しいので、企業は新規の採用に慎重である。単身赴任やサービス残業など、従業員が犠牲になって企業を支える事例も多い。また、こうした法人共助の対象になっているのは主に正規の労働者であり、非正規の労働者はそうした保護の枠組みから外れることが多い。働き方改革の議論が広がる中で、法人共助がもたらすさまざまな問題点が指摘されている。

ただ、そうは言っても、労働者を守る仕組みは必要である。法人共助の仕組みに頼りすぎることが問題であるとすれば、他の形で労働者を守る仕組みが必要となる。デンマークやスウェーデンのような北欧諸国の事例が参考になる。

前項で触れたように北欧諸国では、企業は比較的簡単に従業員を解雇できるようだ。日本のように法人共助の仕組みが強固ではないということだ。ただ、職を失った人への公的支援の制度は徹底している。

失業保険の適用期間は日本よりもはるかに長いし、次の仕事に移るための技能訓練や就職斡旋の手厚い仕組みもある。企業は比較的簡単に解雇に踏み切れる。その半面、新規採用には積極的である。結果として、採用と解雇の両面での新陳代謝が盛んである。だからこそ、生身の労働者を守るための公的支援を充実させる必要がある。

日本の仕組みが法人共助に多くを依存しているとすれば、北欧の仕阻みは政府による労働者保護の姿勢が強いものである。どちらがより優れているというものではないが、日本が法人共助に過度に依存していることが、制度的に軋《きし》みを起こしているように見える。正規の労働者だけが法人共助の保護の傘下にあるということで、正規と非正規の格差が目につく。企業の雇用継続義務が強すぎて、産業構造の調整のスピードが鈍くなっている。

この点は失業率の数字の解釈にも関わってくる。傾向的に日本の失業率は北欧の失業率よりも低い。ただ、失業率は低いほどよいというものでもない。生産性が低く雇用条件の悪い仕事に多くの人が縛られた中で失業率が低いよりも、よりよい就業機会を求めて国の支援で新しい職場を探す人が多く、結果として失業率が高くなる方が、好ましい面もある。政府の失業者（求職者）への庇護が厚いので、生活に困るわけではない。

法人共助というと聞こえはよいが、それだけ政府による労働者保護への関与が弱いということでもある。消費税率が25％前後の北欧と10％の日本の違いもあるだろう。雇用の仕組みを変えることは簡単ではない。ただ、コロナ危機を通じて流動化が進む労働市場である。この際、法人共助のあり方について議論が深まることを期待したい。

視点③
従業員の生活を守るための法人共助。その制度が時代にそぐわなくなってきている。コロナ禍を通じて流動性を増している労働市場では、北欧型の労働者保護の仕組みを参考にしてもよい。

コロナ禍で変わった働き方は今後、どうなるか

働き方改革は、この10年ほど日本の経済政策の中でも最重要課題の一つであった。日本の働き方には、時代に合わなくなった問題点が多く存在する。これを是正しなければ、経済を活性化させ、国民が安心した生活を送ることができない。

働き方改革の中身は多岐にわたる。もっとも注目されたことは、女性がもっと活躍できるような職場を目指すということだ。女性だけではないが、多様性を容認する職場は企業に活力を生むと期待される。ワークライフバランスという視点からの改革も重要な論点だった。労働時間に柔軟性を持たせるフレックスタイム制の活用は、仕事と生活のバランスを取る上で有効だろう。また、労働者が技能を取得することができるよう生涯に渡って教育機会を持てるリカレント教育の充実や、多様な経験を育みそれを生かせるような兼業や副業の促進なども議論された。ここには書ききれないが、それ以外にもさまざまな視点か

ら働き方改革のアイデアが提起された。

　働き方改革に盛られた種々の提案はいずれももっともなものである。政府もそれを一生懸命に後押ししてきた。しかし残念ながら、改革のスピードは非常に遅いものだった。働き方という経済活動の根幹にあるものを簡単に変えることは難しいということだろう。

　コロナ禍はこうした流れを一変させた。多くの職場で在宅勤務やオンライン会議が余儀なくされ、これまでの働き方との比較が可能になった。職場か在宅かという単純な比較ではなく、より柔軟な働き方の模索が始まったのだ。コロナ禍はいずれどこかで収束するだろうが、その後に待っているのは深刻な人手不足である。人手不足に対応するためには、仕事のやり方を根本的に変えなくてはいけない。

　そんなことを考えていたが、先日、働き方改革に関する学生の発表を聞く機会があった。ソフトバンクや日本ＩＢＭなどの働き方改革の好例が興味深く紹介されていた。その発表で特に印象的だったのが、学生たちが最後に漏らした感想だ。「こういう企業で働きたい」と言う学生が多かった。こうした学生の発言を聞いていると、働き方改革に企業が前向きに対応しようとしているのは、そうしないと有能な人材を確保できないと考えているからではないだろうか。

バブル崩壊からしばらくの時期は厳しいデフレが続いた。雇用環境も悪く、失業率も高かった。だから企業の中には労働者を使い捨てにするようなところもあった。ブラック企業と呼ばれた。働き方改革のもう一つのメッセージは、そのようなビジネスモデルは持続可能ではないということだ。ポストコロナで、より多くの企業が働き方改革を進めていくことになれば、働き方改革に前向きに取り組んでいない企業は人材を確保できなくなる。

政府主導だけで働き方改革を進めることは難しかった。しかしコロナ禍という想定外のショックが働き方を大きく変える起爆剤となっている。多くの企業がこうした変化を意識して、若者が働きたいと思うような職場に変える働き方改革を進めてほしいものだ。

視点④

ここ10年ほど取り組んできた働き方改革が、コロナ禍で一気に進む可能性がある。ワークライフバランス、フレックスタイム制、リカレント教育など、前向きに取り組んでいない企業は優秀な人材を確保できない。

「兼業・副業」を前向きに議論せよ

副業や兼業を積極的に受け入れよう。こうした動きが少しずつ広がっているように見える。色々な経験を通じて新たなスキルを身につけ、働き方の幅を広げることにもつながるので、兼業や副業は好ましいものであると思う。ただ、兼業や副業に時間を取られすぎ、本業がおろそかになっても困る。だから、多くの企業ではまだ兼業や副業を積極的に認めることに消極的であるようだ。

研究職を続けてきた私にとって、兼業や副業をどこまで行うのかは常に迷う問題であった。あるテレビ局から毎月どこかの1週間、夜の経済番組でレギュラーコメンテーターをしてほしいと依頼を受けたときには、受けるかどうか1年以上も迷ったことがあった。テレビでのコメントは、本業の研究や教育に関係ないのではないか、と周囲に言われることを懸念した。しかし、月曜日から金曜日まで夜のスタジオに座ってコメントしたことは、私の経済の視野を広げ、経済の動きを深く読むことに大いに役立った。面白いことに、経済は月曜から1週間で連続的な動きをしており、それをリアルタイムで追いかけることで学ぶことは多かった。テレビを通じて多くの人に話をするわけだから、緊張感があった。緊張感ゆえに懸命になって目の前の経済現象について考察することにもなった。

ある大手企業のアドバイザリーボードに入ることを求められたときも迷った。当時としては報酬が多かったこともあり、報酬を全て大学に寄付することで大学に認めてもらった。結果的に見れば、企業の内部に入り込んで経営課題について突っ込んだ議論をすることは、私の企業や産業の見方を深めることに大いに役立った。

大学の中で文献に埋もれ、データ分析に没頭する研究も必要だろう。ただ、現実の経済について学生に語るには、企業の経営に触れ、政府内での政策論議に参加し、そしてマスコミとの接触も必要だろう。そうした外の世界で学んだことが、学生への授業でも役に立つ。私の研究者人生は兼業と副業なしには考えられないものとなった。少なくとも経済学ではそうしたライフスタイルが有効であったと今は確信している。

私の話はさておき、これまでどちらかと言えばタブー化されていた兼業や副業が世の中で受け入れられようとしているのには理由があるだろう。一生を一つの職場で過ごすだけでは学べることに限界があるからだ。社会や技術が大きく変わる中では、新しいことを学び続けるという姿勢が求められる。兼業や副業を通じて、自分の職場では学べない知識や経験が得られる。それは、自分の本来の職場でも生かせる。

色々な経験を積むという意味では、転職をすることも一つの方法だろう。実際、転職をする若者も増えている。ただ、転職には安定した仕事を失うというデメリットもある。転職しなくても、大学や専門学校などで学び直す機会を持つという方法もある。ただ、学校で学べることには限界もある。仕事の中からだからこそ学べることも多い。

コロナ禍をきっかけに、働き方の常識が大きく変わろうとしている。こうした変化は、兼業や副業について前向きに捉える絶好のチャンスであると思う。

視点5

社会や技術は日々、大きく変わっていく。その中では常に新しいことを学び、さまざまな経験を積むことが求められる。兼業・副業または転職は、スキルアップのためにも、働き方の幅を広げるためにも好ましいものである。

第5章

世界情勢から読み解く「グローバル経済の現在地」

ウクライナ情勢が及ぼす世界経済への影響

ロシアのウクライナへの攻撃は、世界経済にもさまざまな影響をもたらしている。経済のグローバル化が深化したことで、世界の一部で起きたことが世界全体に大きな影響をもたらすことがよくわかる。

第2次世界大戦終了後から1991年のソビエト連邦崩壊までの米ソ冷戦時代には、西側諸国とソビエト連邦を中心とした共産主義諸国との間では、経済的な取引は限定的にしか行われていなかった。あの時代であれば、大きな紛争が起きたとしても、今のように為替レートや石油価格や株価などが瞬時に大きく変動するというようなことはなかっただろう。私たちの日々の生活がグローバル化に大きく依存しているということを、今回のような混乱が起きてはじめて実感することができる。

では、具体的にどのような混乱が起きているのか。①食糧・資源価格②金融市場③物流やサプライチェーン④マクロ経済、の４点から整理してみよう。

まず、食糧・資源であるが、足元で石油や小麦などの価格が高騰している。ロシアとウクライナを合わせると、世界の小麦の輸出の４分の１前後にもなるという。また、欧州経済はロシアの天然ガスに大きく依存している。日本でも天然ガスの輸入の８％がロシア産であるという。

次に金融市場であるが、経済制裁によってロシアの通貨ルーブルが急落した。ロシアは巨額の国債を発行しているので、破綻懸念が大きくなると世界の金融市場に及ぼす影響は大きい。また、主要国の株価が急落していることも、今後の世界経済に大きなマイナス要因となっている。

そして物流であるが、ロシア発着の航空・海運・陸運のネットワークが機能しなくなった。アジアから欧州への物流の一部はロシア内の鉄道を利用したものもあったが、これにも影響が出ている。物流の対象となるものの中には部品や原料も多く、これらの物流が滞ることでさまざまな生産に影響が及ぶことになる。また、半導体生産に必要なネオンという物質や、アルミニウム・チタンなどの金属も、ウクライナやロシアが主要な生産国である。

こうした一連の動きを考慮して、多くの専門機関は、2022年の世界の経済成長率の予想を大幅に下げた。これが④に掲げたマクロ経済だ。戦争が経済に及ぼす影響は当事国であるロシアで深刻なことはもちろんだが、日本を含めた世界の多くの国にも大きな悪影響が及ぶ。

そうした中でもう一つ懸念されるのが、世界的なインフレの流れだ。ロシアの侵攻以前から、石油価格の高騰などで世界的にインフレの傾向が続いた。最近になってインフレの動きが頭打ちになるという見通しもあるが、インフレ率が高止まりする可能性も十分にある。

日本でも、景気が悪化する中で物価だけ上がっていくスタグフレーションの懸念が広がっている。2022年の初めには、戦争も含めこうした事態は予想されていなかっただけに、急激な経済の変化からは目が離せない。

視点①

①食糧・資源価格②金融市場③物流やサプライチェーン④マクロ経済、がロシアのウクライナ侵攻によって混乱している。世界的なインフレも予想され、日本は不景気の中で物価だけが上がる「スタグフレーション」の懸念がある。

世界経済を支える「サプライチェーン」とは何か

新型コロナの世界的流行、そしてロシアによるウクライナへの侵攻という、大きなショックが続けて起きた。そうした中で頻繁に使われるようになった言葉がサプライチェーン（供給網）である。色々な局面でこのサプライチェーンという言葉が使われている。いくつか例をあげてみよう。

「半導体不足で自動車のサプライチェーンが目詰まりを起こしており、自動車の供給が減少している」「新疆《しんきょう》ウイグルの綿の利用をめぐって、アパレルメーカーのサプライチェーンが人権問題から批判されている」「ウクライナ問題で小麦の供給に不安が出てきて、日本の企業は原料のサプライチェーンを見直している」といった具合である。

サプライチェーンを直訳すれば、供給の鎖（連鎖）となる。色々な製品はいくつもの工程や部品・原料の連鎖の上に成り立っている。これをサプライチェーンと呼ぶ。重要なことは、経済のグローバル化が進むことでサプライチェーンが国境を超えて、非常に複雑な形で多くの国が関わっていることだ。

店で洋服を購入するときに、その原料の綿がウイグルでの人権問題につながっていると考える人は少ないだろう。半導体は産業のコメと言われるようにあらゆる製品のサプライチェーンに入っているが、ネオンのような希少物質は半導体の生産に欠かすことができず、その生産の多くがウクライナに集中している。私たちが日々消費している多くの商品のサプライチェーンに、世界の多くの国・地域が関わっているのだ。

世界中に複雑なサプライチェーンが張り巡らされることで、経済的価値が拡大してきた。複雑なサプライチェーンによって現代の私たちの生活は支えられている。ただ、その複雑化したサプライチェーンが大きなリスク要因にもなっている。世界のどこかで起きた紛争で食糧不足が生じたり、企業の生産が止まったりすることにもなりかねない。大国がサプライチェーンを利用することが、日本の安全保障に大きな脅威となることもある。

サプライチェーンのあり方についての議論が活発化している。企業レベルではサプライチェーンのリスクを軽減するために何が必要となるのかが検討されている。部品や原料を調達するチャネルを複数にするとか、一時的にサプライチェーンに問題が起きても困らないように在庫を多めに持つという対応が進められている。

　国のレベルでも、経済の安全保障という面でサプライチェーンのあり方が論議されている。特定の国や地域に偏るサプライチェーンによって生じる安全保障上のリスクを軽減する。災害や戦争などで日本に食糧やエネルギーが届かないリスクを軽減するために輸入先を分散させる。再生可能エネルギーを拡大することで輸入エネルギーへの依存を減らし、食料についても自給率を高める努力をする。こうした点が経済の安全保障の問題として論じられている。日々の生活の中で私たちが使う商品が、グローバルなサプライチェーンによって支えられている一方で、大きなリスクにも晒《さら》されているということに関心を向けてほしい。

視点②

サプライチェーンのリスク軽減のために、企業は部品や原料の調達先を複数持ち、在庫を一時的に増やすなどの対策が必要。また、国も経済の安全保障問題として深刻に捉える必要がある。

米中対立の経済リスク――サプライチェーンから考える

グローバルなサプライチェーンの抱えるリスクが色々な分野で顕在化している。通信機器や半導体などの重要な分野では米中分断の流れが強まっており、こうした機器やデバイスを利用する日本の企業にとって大きなリスク要因となっている。新疆ウイグルで生産される綿の利用は、欧米の批判が強まる中で日本の企業も慎重にならざるを得ないが、それが中国での不買運動につながるというリスクを孕《はら》んでいる。

サプライチェーンが国境を越えて長くなるほど、そして主要国の間での紛争が頻発するほど、サプライチェーンがらみのリスクは大きくなる。

この30年、世界はスーパーグローバル化と呼ばれるほどに、国境を越えた経済活動が拡大した。人・物・カネ・情報など、あらゆる面で国境を越える動きが広がった。しかし、今こうした全ての面でこのグローバル化に対する揺り戻しが起きている。

トランプ政権ではこうした動きが見えやすかったが、底流にある保護主義の動きは世界の多くの国で広がっている。バイデン政権は多くの面でトランプ政権の政策を修正する動きを見せているが、バイアメリカの姿勢を強く打ち出していることからも明らかなように、グローバル化を推進する立場ではなさそうだ。そしてグローバル化によって利益を受けていたはずの中国が、その利益に反するような保護主義的な動きに転ずるケースが少なくない。

スーパーグローバル化で起きたことの典型は、国境を越えた分業が深化し広がることで、部品や中間財の貿易が急速に増えたことだ。完成された製品が国境を超えて貿易される以上に、部品や素材などの中間財や製造装置などの資本財の貿易が拡大している。

半導体に至ってはその設計から素材の調達、そして最終的な加工の工程に至るまでに多くの国が関与している。そのどこに支障があっても、サプライチェーンが機能しなくなる。台湾積体電路製造（ＴＳＭＣ）が半導体の受託生産（ファウンドリー）のシェアの半数を握っているということで、台湾をめぐる米中の対立の影響が注目されているが、こうしたサプライチェーンのリスクは上流から下流までどこでも発生しうる。

サプライチェーンのリスクを多くの企業が意識せざるを得ないもう一つの要因は、米中の対立である。オバマ政権時代には中国との融和を模索したように見えたが、バイデン大統領が中国に対して厳しい姿勢を明確にしている。議会では民主党も共和党も中国に対して厳しい姿勢を見せている。この問題では与野党一致しているのだ。

こうした流れに対して、中国は保護主義的な政策で対抗する傾向がある。オーストラリアとの外交上の確執に対して、同国からの輸入が入らないような措置を取ったことがその典型だ。日本もかつてレアアースのサプライチェーンを絞られたことがあった。多くの企業にとってサプライチェーンのリスクの再点検が必要になっている。

視点③

人・物・カネ・情報など、あらゆるモノが国境を越える時代。このスーパーグローバル化によって、サプライチェーンのリスクは上流から下流までどこでも発生する可能性があることを、肝に銘じなければならない。

グローバル化とデカップリングの行方

数年前から、国際会議などでデカップリング（分断）という議論を聞くことが多くなった。米中の経済対立の中、人・物・カネ・企業などで、米中の関係が見直されようとしていることを意識したものだ。半導体での動きが象徴的である。米国は自国を中心とした競争力のある半導体のサプライチェーン構築に動き、そこから排除されようとしている中国も、自国内での生産網の育成に注力している。こうした展開の先には、米中という二つの大国に分断されたサプライチェーンの成立が予想される。もちろん、分断されるのは個別の商品のサプライチェーンだけではない。金融決済の仕組み、人の流れ、そして企業のグローバル活動でも、そうした動きが見られる。

ただ、それでも、すでに緊密化したグローバルの経済関係はそう簡単に崩れるものではない。中国から米国へ巨額の輸出は続いているし、米国の金融機関では中国の活動が拡大する一方に見える。そこで起きたのがウクライナ危機であった。ロシアによるウクライナ侵攻、それを受けての西側諸国による経済制裁は、グローバル経済の姿を大きく変えようとしているように見え、そのキーワードはやはり分断である。米国による金融制裁は「金融兵器」とも呼ばれるように強力である。ロシアは制裁の影響を減らすためにもドル離れを急ぎ、中国などへの依存関係を高めようとしている。

重要なのは、こうした動きを中国がどう見ているかだ。近い将来、米中対立で米国が中国へも経済制裁に踏み切ることは十分考えられる。中国はそれに備えるため、ドル決済への過度な依存からの脱却を急ぐだろう。外貨決済だけでなく貿易依存、人的交流、国際投資など全ての面での見直しが行われると考えるべきだ。グローバル経済の分断が進むとすれば、それは米国主導の面もあるが、中国などによる動きも大きく影響する。

現在のグローバル経済は、1989年のベルリンの壁の崩壊以降に構築されたものだ。冷戦時代は東西経済が完全に分断されていたが、それが解消されていく中で、人・物・カネ・企業などで東西を超えた国際分業が進み、経済的ネットワークはより複雑化した。今回のウクライナ危機では、再び多くの商品のサプライチェーンが分断され、資源や食料の価格が高騰し、金融市場では瞬時にショックが波及し、多くの企業がロシアでの投資を回収できなくなっている。この30年にグローバル化がいかに深まったのかを再認識させるものであった。

ウクライナ危機は、ベルリンの壁の崩壊以来続いた経済のグローバル化を大きく変える転換点となるのだろうか。まだそうした大きな動きにはなっていないが、一連の動きが米中をどの程度分断の方向に動かすのか注目すべきだろう。中国経済の強さもグローバル化に大きく依存している。中国としてもそう簡単に分断を進めるわけにいかないし、今後の展開を予想するのは難しいが、ウクライナ危機が変化の始まりとなるのかもしれない。

視点④
1989年のベルリンの壁崩壊後に構築されたグローバル経済。その脆《もろ》さがロシアのウクライナ侵攻で浮き彫りになった。サプライチェーンだけではない米中の分断に今後、注視した方がよいだろう。

アマゾンとグーグルの隆盛は「健全な市場」を破壊するか？

米国の独占禁止法を扱うＦＴＣ（連邦取引委員会）の委員に、これまでで最年少となるコロンビア大学のリナ・カーン准教授が選ばれ、注目を集めた。同氏はアマゾンやグーグルなど大手テック企業の行動に批判的な議論を展開してきたことで知られる。彼女が委員に選ばれたことで、バイデン政権がハイテク企業に厳しい姿勢で臨むとの見方が広がっている。

独占禁止法は、しばしば競争政策という視点で論じられる。市場の活力を維持して、イノベーションを刺激し、消費者によりよい商品やサービスを提供することが、競争政策の目的だ。競争を促進すると好ましい結果につながると考えられている。

独占企業による価格の引き上げや談合などの行為は、競争政策の上で好ましいものではない。ただ、テック企業の行動がこうした視点から問題になるのかは微妙だ。アマゾンもグーグルも、より便利なサービスをより低料金で提供している。それが利用者に評価されているからこそ、こうした企業は成長しているのだ。競争政策の観点からは、テック企業を規制する根拠の提示が難しいといえる。

もっとも市場の競争を促進してイノベーションを促し、質の高いサービスを低料金で提供するとの視点は、より長期的かつ構造的な視点での議論が必要だ。

グーグルは伸び盛りのベンチャー企業を次々に買収している。こうしたサービスが早期にユーザーに広がるとの意味では好ましいと言える。しかし、将来の競争相手になりうる企業が次々に買収されて消滅してしまうのであれば、市場で本当に競争的な環境が維持されるといえるのだろうか。

アマゾンが低料金のサービスを提供してくれるのはありがたい。だが、それで競合企業が育たなくなってしまうとしても、よいといえるのだろうか。

またアマゾンは、利益の多くをクラウドサービスで稼ぐといわれる。仮にその利益を原資にすることで、Ｅコマース事業での競争にひずみが出ているとしたら、問題ではある。徹底した低価格で競争相手を潰した上で、その後に価格を引き上げる行為を略奪的ダンピングと言う。Ｅコマースで、こうした流れになっていないのだろうか。

一般的に競争が激化した時、企業が利益を高める方法は三つしかないと言われている。一つはもっと頑張ることだ。コストを必死に下げるなど、同質競争を勝ち抜くことだ。このタイプの競争は価格を下げる上で好ましい成果をもたらす。

二つ目の対応は、差別化を進めることだ。価格競争に巻き込まれないように、品質やサービスで特徴を持たせる。こうした競争も消費者に、より便利で価値の高い商品やサービスを提供するとの意味で、社会的に意義がある。

問題は三つ目の対応だ。競争相手を潰す手法だ。足元で低料金や質の高いサービスが提示されても、それが競争相手を潰す結果になるとすれば、競争政策の視点からは好ましくないということになる。

視点5

競合相手をさまざまな方法で駆逐してきた大手テック企業。市場を独占し、略奪的ダンピングをさせないためにも、厳しい監視の目が必要である。

GAFAの事例から考える「創造的破壊」の必要性

島根県の失業率が非常に低いことがちょっとした話題になった。総務省の労働力調査によると、2022年の1月から3月の平均で、全国の失業率2・7％に対し、島根県は1・1％だった。ただ、失業率が低いことは必ずしもよいことばかりとはかぎらない。同時期の米国の失業率（1～3月の平均）は3・8％。人手不足が深刻になるほど新しい労働需要が生まれ、賃金が急上昇している米国の方が労働市場は活性化しているのに、日本に比べて失業率は高い。

島根県以外で、失業率が極端に低かったのは、1・2％の岐阜県、1・4％の佐賀県、1・5％の三重県。失業率が極端に低いのは、労働市場での新陳代謝が鈍っているとも言える。転職しても賃金が上がるわけではないから、多くの人がこれまでの仕事に留まる。同じ人たちが同じような仕事を続けているので、生産性も上昇しにくい。新しいビジネスもなかなか生まれない。同じことは日本経済全体でも言えるかもしれない。

近年の経済成長は「創造的破壊」による部分が大きいといわれる。それは米国の最近の経済状況を見れば明らかだ。グーグルやアップルなどＧＡＦＡと呼ばれる巨大ＩＴ企業の企業価値を足し合わせただけで、日本の企業全ての企業価値と同じ規模になる。単に米国経済はすごいという話ではない。米国の主要企業全体の株価を表すＳ＆Ｐ５００社からＧＡＦＡを引けば、この10年の日本企業の株価の動きとそんなに違わないようだ。

もはやＧＡＦＡの存在なしに米国経済の成長はないと言ってもよい。そしてＧＡＦＡに共通するのは、「既存のビジネスや社会秩序を破壊しながら新しい成長を生み出す」という創造的破壊のメカニズムだ。その基礎にあるデジタル技術は、破壊的な技術革新といわれ、創造的破壊の原動力となっている。

日本の経済の活力を高めるためには、この創造的破壊のメカニズムを活性化させなければならない。だからこそ、ＤＸ（デジタル・トランスフォーメーション）で古い経済構造や仕組みを壊していくことが重要となる。デジタル化を進め、スタートアップ（起業、新規事業）を支援するような政策が必要なのだ。

ただ、日本ではそうした政策を講じても、なかなか有効に機能してこなかったことも事実だ。今、超円安、金利上昇、資源価格の高騰などが日本経済を苦しめているが、皮肉なことに、こうした現象は経済の新陳代謝を高める可能性がある。この10年、物価や賃金は安定し、金利も非常に低い水準で安定していた。経済は低迷していたが、安定的でもあり、そのおかげでゾンビ企業と呼ばれる多くの企業が存続し、新陳代謝も進まなかった。創造的破壊どころか、非創造的安定状態が続いたのだ。

しかし、時代は明らかに変わりつつある。経済の不安定化は好ましくない面も多いが、変化に刺激されて社会や経済が大きく動く可能性も出てくる。それが創造的破壊につながり、経済活力を高めることを願っている。

視点⑥

日本の失業率は米国よりも約１％低い。だが米国は賃金が高く、人材の流動性が高い。社会や経済が変化し、大きく成長していくためには、痛みを伴う変化が必要なときもある。

第6章

社会を一変させる「デジタル化・新サービス」

デジタル通貨の社会実装をどう行うか

ＩＣカードやＱＲコードを利用した電子マネーや、ビットコインのような仮想通貨など、伝統的な現金や預金とは異なる「貨幣」が広がっている。電子マネーは、お釣りなどを気にせずレジで簡単に支払いできるので便利な存在だ。私も小銭を持ち歩かずにできるだけ鉄道系の電子マネーであるＳｕｉｃａを利用している。駅ナカだけでなく、タクシーやコンビニなど、利用範囲が拡大して便利になっている。

鉄道系などの電子マネーは、総額で２万円以上はチャージすることはできない。つまり少額決済を前提にした支払い手段であり、２万円を超えるような支払いには利用できない。なぜ、こうした制限があるのだろうか。想像がつくと思うが、マネーロンダリングなどの違法な金銭の授受を防ぐためである。

犯罪などの映画では、ギャングが巨額の現金をカバンに入れて違法な取引を行うシーンが出てくる。現金は匿名性があるので、犯罪に関わる金銭の授受に利用されることが多いのだ。それでも現金で巨額の支払いや受け取りをすれば、それだけかさばる。もし電子マネーで巨額の支払いや受け取りが可能になれば、犯罪行為を助長することにもなりかねない。

マネーロンダリングなどを防ぐ目的もあって、世界の国々の多くで高額紙幣を廃止する動きがある。人々の日常生活には高額紙幣は必要ない。そこで高額紙幣を廃止すれば、現金を使った取引もやり難《にく》くなる。

もちろん、犯罪に関係なくとも、多くの人が額の大きな支払いをすることがある。それは銀行の振込やクレジットカード決済をすればよい。口座を通じた取引は取引主体の情報が残るので犯罪には使いにくい。金融機関も口座を開設する際には、顧客の情報を厳しくチェックしている。

さて、犯罪防止という意味では、仮想通貨は大問題である。ビットコインなどの仮想通貨は、その所有者を特定することが難しい。少し前のことだが、仮想通貨交換業者（仮想通貨と現金を交換する機能を持つ仕組み）のコインチェックが外部からハッキング攻撃を受けて、５００億円以上が盗まれる事件が起きた。この事件の全容はまだわかっていないが、500億円相当の資金が犯罪的な形で流れているということだ。技術は日々進歩しているので、仮想通貨の仕組みはさらに広がる可能性があるが、それが犯罪行為に利用される危険も拡大している。

仮想通貨や電子マネーなど、デジタル技術を利用したマネーを総称してデジタル通貨と呼ぶことにしよう。デジタル通貨を社会の中にどのように組み込んでいくのかということが、重要な政策課題となっている。中国のようにデジタル人民元を積極的に進めようとする国もある。デジタル通貨は国際競争の対象でもあるので、日本を含めて多くの国が関心を示している。デジタル通貨で犯罪が広がることは困るが、かといって技術革新を無視するわけにはいかない。早急なルール作りが必要だ。

視点①

ICカードやQRコード、鉄道系の電子マネー、ビットコインなどの仮想通貨の利用が広がっている。これらのデジタル通貨はデジタルであるがゆえに、犯罪防止とルール作りが必要である。

ビジネスモデルを根本から変えるDX

デジタル技術の革新が進む中で、多くの企業はこれまでのビジネスモデルをどう修正したらよいのか戸惑《とまど》っている。既存のビジネスモデルでそれなりの成果を上げてきたのに、それを破壊するような形で新たなモデルに挑戦することには多くの困難が伴うからだ。

DX（デジタルトランスフォーメーション）のあるべき姿について一般論を展開するのは難しそうだが、特定の事例を使って考えてみるのは意味があるだろう。今回は、大学教育を例に考えてみる。

コロナ禍の中で、多くの大学はオンライン教育への移行を余儀なくされた。学生は教室に来る代わりに自宅でパソコンに向かい、教員はこれまで教室で行っていた授業をオンデマンドの教材に作り変え、オンライン上でリアルタイムでの講義を行っている。

多くの教員はオンライン教育については素人であるが、泥縄《どろなわ》式でこれまで教室で行ってきた講義をオンライン教材にしている。要するに今大学で行われていることは、対面で行ってきた授業をオンライン操作に置き換えるだけの作業である。教育の仕組み（ビジネスモデル）としては欠陥だらけである。

だからと言って、感染リスクが低下してきたら、全て元どおりの対面の授業に戻せばよいというものでもない。キャンパスに集まって授業を行うことに多くの利点があることは確かだが、オンラインを使って教育を行うことにもさまざまな利点があることがわかってきたからだ。

オンライン授業は、教室でやっていることの一部を代替するだけのものであってはいけない。オンラインならではの教材をきちっと作成し、オンラインを前提としたプログラムを磨いていく必要がある。コロナ禍のおかげというのか、学生にとっても遠隔授業が当たり前になってきた。

こうした手段をフル活用すれば、より質の高い教育モデルが開発できるはずだ。オンライン教育が利用できる前提でカリキュラムを大きく改変する必要がある。それは旧来の大学教育のモデルの枠を大きく打ち破ることになるだろう。

教材も変わるだろうし、個別の大学の枠を越え、国境を越えた教育サービスに広がるだろう。リカレント教育の充実にも活用できる。単位の認定や卒業要件も修正されるだろう。さらには大学を越えたダブルディグリーなども可能となる。

大学のビジネスモデルが変わるのには、それなりの時間はかかるだろう。ただ、デジタル技術が広がれば、リアルでの活動も含めたビジネスモデルが大きく修正されるという原則は、大学だけでなく、あらゆる業界に当てはまるはずだ。例えば、スーパーや100円ショップなどの伝統的な小売業は、これまで行ってきた機能の一部をデジタルに変更するというだけではビジネスモデルとして欠陥だらけのものとなる。

小売業が消費者に届ける価値は何であるのかを起点として、デジタル化によってビジネスモデルを抜本的に組み替えることが求められる。それに取り組まない企業は技術革新によって破壊されることになる。

視点②

コロナ禍で始まったオンライン授業。DXは国境を越えた教育サービス、リカレント教育、ダブルディグリーも可能にする。今後、他の業界でもデジタル技術を使った活動が求められるだろう。

AIやIoTを「目先の利益のため」だけの技術と考えていないか？

まだ若い研究者だった頃、先輩の研究者から聞いた話が強く記憶に残っている。学問の進歩は巨大な樹木のようだ。樹木で最も速く成長しているところは葉が生い茂っている枝の部分だ。多くの新しい研究は枝の部分で出てくる。最新の研究成果であるほど、枝の先端のようなところで伸びる。ただ、あるところまで行くと、そうした先端分野での研究成果は頭打ちになる。そうなると次の大きな研究は枝ではなく、幹から出てくる。だから、いつも自分の研究が幹に近いところにあるか意識する必要がある、というのだ。

これはなんとなくビジネスにも当てはまる話だ。社会や技術の変化が激しい時期ほど、ビジネスでも大きく成長を続けるところに注目が集まる。多くの企業が成長分野に集まり、激しい競争を行うことになる。枝の先端の部分で競争に参加することは重要だが、そこで持続的な利益を確保することは難しいように思える。急速に社会を変えようとしているデジタル技術の活用にも該当する。

ＡＩでも、あらゆるモノがネットにつながるＩｏＴ（モノのインターネット）でも、新しい技術を積極的に取り入れることはビジネスを進化させる上で有効である。全ての企業が技術の変化に敏感であるべきだろう。ただ、新しい技術は所詮手段にしかすぎない。手段を磨いて使えるようにするのは重要だが、それはビジネスモデルの構築の目標ではない。

重要なのはそうした手法を活用しながら、どのようなバリューを提供できるのかということだ。バリューにはさまざまなものがある。顧客、社員、株主などステークホルダーにとっての価値を高めることが企業の目的である。

マーケティングの観点からは、とりわけ顧客の価値を高めることが重要となる。マーケティングの大家のフィリップ・コトラーも、「マーケティングとは自分の商品をもっと売るための手練手管《てれんてくだ》ではない。自分の商品の価値を認識して、それを顧客の共有する手法である」というようなことを言っている。

このコメントの「マーケティング」の部分を「デジタル技術」に置き換えることができる。デジタル技術は商品を売るための手練手管に留まってはいけない。新しいデジタル技術を利用して、どのような価値を顧客に提供するのかが重要なのだ。

ＧＡＦＡのようなデジタル分野の巨人たちは、確かに顧客に高い価値を提供している。だからこそ高い成長を維持している。これは、これらの企業が幹に近い所から出ているからだ。新しい技術で顧客にどのような価値を提供できるか。それを常に考えている。

残念ながら、多くの企業は枝の部分でのデジタル対応を余儀なくされている。新しい技術をどう活用するかに力点がおかれ、どのような価値を提供するのかが疎《おろそ》かになりがちなのだ。しかし、全ての企業にはもともと幹に近いところに価値のよりどころがあったはずだ。それをデジタル技術でどう伸ばすかが問われているのではないだろうか。

視点③

企業は常に新しい技術に敏感でなければならない。だが、あくまで技術は手段でしかなく、重要なのはどのような価値を顧客に提供できるかである。

デジタル技術が地方と大都市間の格差を埋める

政府は「デジタル田園都市構想」を掲げ、その実現に向けて政策を検討している。この構想に何が期待できるのか考えてみたい。

そこで比較の対象として取り上げたいのが、約50年前に当時の田中角栄首相が提唱した日本列島改造論である。新幹線や高速道路網を日本中に広げて、国土の均一なる発展を目指そうとするものである。その後の日本の国土計画にも大きな影響を及ぼし、日本の社会構造を動かしてきた。

日本中に交通ネットワークが張り巡らされたことで、私たちは日本中どこにでも簡単に行けるようになった。全国の物産が私たちの食卓に届くようになった。大企業の工場も日本中に広がっていくことになる。さまざまな問題を抱えながらも、日本列島改造論が戦後日本の経済発展に貢献してきたことは確かだろう。

ただ、現在の私たちの視点から見ると、日本列島改造論には問題点も多く見える。日本中がつながることで、全ての経済活動が東京に一極集中することになる。多くの若者が東京に集まり、主要な経済活動もその多くが東京に集まることになった。地域経済では過疎化が進んでいる。『都会の不満　地方の不安』（中央公論社）というのは1988年に出版された自民党幹事長の茂木《もてぎ》敏充《としみつ》氏著作のタイトルだが、日本列島改造論がもたらした一極集中の問題点を見事に表している。

今、デジタル田園構想が多くの人の共感を得られるようになっているのは、急速に進むデジタル技術が日本列島の姿を変えることになると期待されるからだ。デジタルが距離の制約を取り除いてくれる。地方にいても、オンラインを利用して、世界中とやりとりができる。わざわざ出張に行かなくてもオンライン会議を活用すれば、東京だけでなく世界中とリアルタイムで会話ができる。もう少し技術が進めば自動通訳機能で、言語の差をも乗り越えることができるだろう。

私たちの経済社会がよりよく機能するためには、分散と集中のバランスが必要となる。過密を避け快適な生活環境を推持するためには、適度な人口の分散が重要だ。人口過密で劣悪な生活環境にある東京は、生活の場としては好ましくない点が多い。しかし、社会が高度化すれば情報の集中も不可欠となる。最高の情報の多くは大都市に集まり、音楽などの芸術でも大都市で広がる。大都市の方がよりよい教育機会に恵まれることが多い。

デジタル社会が進化すれば、距離の壁を越えられる。最高の教育はオンラインでも受けられるし、音楽や映像などもオンラインで伝えられる部分も多い。もちろん全てオンラインで、というわけにはいかないが、オンラインをうまく活用することで、実際に大都市に出かけていく回数を限定することができる。

デジタル技術を利用して、大都市部との間でさまざまな情報のやりとりができるようになるという前提で、地域のあるべき姿を再構築する。これがデジタル田園都市の考え方の基本であると思う。デジタルでどのようにつながるのかという点と、それを前提に地域での働き方や学び方をどう高度化していくのかが問われる。

視点④

政府の掲げる「デジタル田園都市構想」。デジタルによって距離の壁を越え、分散と集中がバランスをとり、地域のあるべき姿を再構築することが期待される。

テクノロジーで変わる農業の未来

福島県・浜通りの原発隣接地域への住民の帰宅が始まっている。現地に行ってそうした話を聞き、いくつかの新しい試みに接する機会があった。その一つが、大熊町にあるイチゴ農園の「ネクサスファームおおくま」である。東北地方で一番大きな規模であるそうだが、巨大なハウスの中でテクノロジーを駆使して生産を行っている。

このハウスは、農園というよりは巨大工場という感じだ。水分や養分はもとより、二酸化炭素供給や温度管理まで、全てコンピューターで制御されている。かといって人間が行う仕事がないわけではなく、機械にできるところは徹底的に機械化した上で、人間にしかできないところを労働者の作業に任せるという形になっている。

イチゴの生産は冬だけでなく一年中行われており、生産量を年間通して安定化させることで、需要者の要望に応える。主たる需要者はコンビニや外食産業などで、一年を通じた安定的な供給を求めている。徹底した機械化が進んでいるので、放射線量の全数チェックなども容易に行うことができる。

原発事故によって帰宅困難地域であったところに住民が戻るためには、その地域で雇用機会が確保されることが重要である。イチゴ生産の責任者は労働者を確保できれば、生産をまだまだ増やせると言っていた。この地域への今後の住民の帰還や他地域からの住民の移住が始まれば、重要な雇用機会を提供できると期待される。

被災地の事業であるということで、農業工場の大規模機械化の費用には政府の補助金などが入っている。そうした支援がなければ、短期間でこれだけの規模の農業工場を立ち上げることは困難だっただろう。ただ、実際にできた農業工場の稼働状況を見ると、こうした大規模機械化が日本の未来の農業の一つのあり方であり、被災地でなくてもこうした取り組みをしていくべきだと感じた。

こうした近代的な農業の姿を考えるとき、必ず思い浮かぶのがオランダの農業である。オランダの国土面積は九州ぐらいしかないが、農業輸出額では世界第2位の規模である。耕地面積が小さくてもそれだけの輸出が可能なのは、徹底した技術の活用と大規模化で、品質が優れ、価格の安い農産物を生産することができるからだ。

そうした動きを支えているのは、技術への挑戦こそが未来の農業を育てる最良の方法であるという信念があるからだろう。農業者はもちろん、大学などの研究機関、自治体や地域の企業などが連携して、未来型の農業に取り組んでいる。そうした中で、技術に習熟した若い世代も多く育っている。

旧来型の農業経営では、こうした新しい農業へのチャレンジはなかなか難しい。そこで、未来の農業をゼロから作り上げるというような発想が必要なのかもしれない。もちろん、従来の農業者の経験や知識を生かすことは重要だし、旧来の農業との共存も可能なはずだ。そして、食糧の安全保障ということで、国内での農業を強化することにもつながる。

視点5

機械にできるところは徹底的にコンピューターで制御された未来の農業。従来の経験や知識を生かしつつ、食糧の安全保障の面から国内の農業を未来型に強化していくことが必要である。

デジタルデバイドというリスク
――テクノロジーが生む社会の分断

デジタル技術が進む一方で、高齢者がその対応に戸惑っていることについてどう考えたらよいのか。時々、このような質問をいただくことがある。インターネットやスマホで色々なサービスが提供されるようになると、デジタル技術の利用に抵抗がない人にはますます便利な社会になるが、スマホやインターネットの苦手な人にはますます住みにくい社会になる。デジタル技術が社会を分断する、こうした現象をデジタルデバイド（デジタルによる分断）と呼ぶ。

デジタルデバイドは年齢差によってだけ起きるわけではない。若い人でもインターネットが使えず社会の流れに遅れる人もいるだろうし、年配の人でもデジタル情報のサービスを積極的に利用している人も少なくない。ただ、一般的な傾向としては高齢者の方がデジタル社会の流れに取り残されることが多い。

デジタルデバイドには二つの対応がある。一つは、デジタルが苦手な人に支援をしてデジタルを利用する能力を高めてもらうということ。そしてもう一つは、デジタル技術を使わなくても、ある程度の生活が維持できるような支援をするということだ。これらは両方とも必要だろう。

例えば、銀行がATMやネットバンキングなどの非対面にシフトしていっても、そうした手段の利用に疎い高齢者などのために店を残しておくということは大切だ。

ただ、可能であれば、より多くの人により快適にデジタル機器を利用してもらうことが必要だ。米国などでは、日本より高齢者によるデジタル利用が進んでいる。私の知り合いである米国の高齢者のご夫妻は90歳近くなるまで、スカイプを利用してパソコン画面上で遠くにいる子供や孫たちと毎週のように会話していた。コロナ禍が始まる5年以上も前のことである。時間に余裕がある高齢者にとっては、孫と遠距離でも会話ができるためなら、何時間もかけてそのための準備をする。そのための支援の制度も充実している。

この老夫婦は、ショッピングは大半をネット利用していた。90歳近い高齢者にとって店まで買い物に行くのは不可能に近い。彼らにとってはインターネットが生命線であった。デジタル技術が利用可能でなければ、この老夫婦はどうしただろうか。二人だけで可能な限り生活したいというライフスタイルを貫徹することはできなかっただろう。

年齢を重ねていくと、生活の色々な面で不自由になってくる。仕事を離れると世の中の情報が入ってきにくくなる。遠くにいる子供や孫と会話をすることが難しくなる。重い荷物を持ったり、遠くまで出かけて買い物に行ったりするのが困難になってくる。こうした不自由を諦めてしまえば、それだけ生活の質も低下してしまう。

しかし、スマホを利用すれば、さまざまな情報をネット上で知ったり、SNSで多くの人と意見交換したりできる。スマホ一つで、重いものも取り寄せることができる。色々な買い物もネット上で済む。デジタル情報の利用にはそれなりの努力はいるが、使ってみれば本当に便利だということを実感するはずだ。周囲の人も、高齢者のそうしたデジタル化を支援してほしいものだ。

視点⑥

デジタルが苦手な人と得意な人を分断してしまう「デジタルデバイド」。そんな社会にしないためにある程度のアナログを残しつつも、デジタルを利用する能力を高める支援をしなければならない。

隆盛する「ラストワンマイル・デリバリー」はどうなるか

消費財販売や外食などの分野で、自宅まで商品を届けるラストワンマイル・デリバリーが増えている。消費者のデジタル化が進んでいる現状を考えると、こうしたトレンドは今後も続くだろう。このラストワンマイルをどのように運営したらよいのかということは、小売業だけでなくメーカーにとっても重要な課題となっている。

託送と言っても全てヤマト運輸や日本郵政のような汎用型の運送業者に委託するわけではない。自前で物流ネットワークを構築することの方が有利なケースもあるはずだ。流通論で小売業業態の姿を議論することがあるように、ラストワンマイルのサービスの構造について議論する必要がある。

ずいぶん昔のことだが、当時のアスクルの岩田彰一郎社長に興味深いことを伺った。ヤマトや郵政は全国に荷物を届ける汎用型の仕組みだ。ただ、アスクルの届け先の多くは都市のオフィス街に集中している。その部分については、自前の物流ネットワークを構築した方が効率的である、というのだ。アスクルは全国の顧客を対象としているので、地方などは既存の配送業者などを活用するが、顧客が集中している都市部は自前の物流で対応するという。

汎用型の仕組みを利用するのか、自前の仕組みを構築するのかという問題設定は、今でも重要なテーマとなる。自前の仕組みを構築して成功している企業も少なくない。ヤクルトのデリバリー、都市部に集中したヨドバシのデリバリーなどはその典型だ。

自前か汎用型かの選択のもう一つの要素となるのが、デリバリーの範囲だ。全国津々浦々をデリバリーの対象とするなら汎用型を活用するしかないが、儲かる地域や分野だけに絞り込んで対応するというクリームスキミングの戦略でいくなら、自前の仕組みでいくべきだろう。狭い商圏でのデリバリーを展開するネットスーパーなどは、自前の物流の方が向いているように思える。

自前か汎用型利用かは、扱う商品によっても違ってくる。同じ外食のデリバリーでも、ウーバーイーツと出前館では違いがある。ピザやハンバーガーのような定型の商品ならウーバーイーツの方が低コストだろうが、ラーメンのような汁物は専門の配達三輪車の出前館の方が向いているようにも見える。商品でも書籍や飲料のような商品であれば宅配業を利用したデリバリーで十分だが、病院向けの医療用品や工場向けの工具など、特殊な製品に特化したデリバリーなら、自前の方がよいだろう。

小売業もメーカーも、ラストワンマイル・デリバリーについてその取り組みを強化していかなくてはならない。日本には宅配便や郵便などの優れた汎用型の仕組みはあるが、全てそれに頼っていたのでは差別化を進めることは難しい。対象の絞り込みをした上でどのような自前の物流配送の仕組みを構築していくのかが問われる。消費者の多くが来店するなら「店作り」が重要となる。消費者の多くが託送を望む時代には「デリバリーチャネル作り」が必要となるのだ。

視点⑦

小売業もメーカーもラストワンマイル・デリバリーの取り組みを強化しなければならない。ただし汎用型を利用するか、自前の仕組みを構築するかは、ケース・バイ・ケースで対応する必要がある。

仕組み一つで採算はガラリと変わる
――ピークロードプライスの事例から

ピークロードプライスという仕組みがある。ピークと呼ばれる混雑している時期や時間帯の料金を高めに設定して、オフピークと呼ばれる空いている時期や時間帯の料金を安くするという仕組みである。色々な分野で導入されているのでなじみ深いだろう。例えば観光地の旅館は観光シーズンの料金は高いが、オフシーズンになれば非常に安くなる。飛行機の料金でも、お盆や正月の料金は高くなるが、シーズンを外せば安いチケットを購入できる。

ピークの料金を高めに設定してピークの混雑を緩和し、オフピークに需要を誘導する。ピークロードプライスは合理的な仕組みのように思える。それでも、深刻な混雑問題があるのにピークロードプライスが導入されていない分野がある。鉄道だ。特に首都圏のような人口の多い地域では朝夕のラッシュはすさまじい。通勤なので仕方がないという面もあるが、あのラッシュの混雑を一生続けると考えると気がめいってくる。

片道1時間、往復で2時間、毎日満員電車に乗っているとする。これを週5日、年間で50週続けると、500時間。一生で40年通勤生活を続けると、2万時間という計算になる。懲役2年ということになる。大変な苦痛である。それでも多くの人は「痛勤」に耐えてきた。ただ、コロナで通勤事情が大きく変わった。在宅勤務が増えて、一時的にラッシュが緩和されたのだ。それに加えて、満員電車に乗れば感染のリスクが高まるということで、満員電車を嫌う人が増えてきた。

こうした背景があるのか、ラッシュ時の料金を高めにして、その分、他の時間帯の料金を下げるというピークロードプライスを容認する声が強くなってきている。国もそうした柔軟な料金制度を、鉄道でも導入する方向で検討しているようだ。どうしてもラッシュの時間帯に通勤をせざるを得ないという人にとっては抵抗があるかもしれないが、社会全体の利益を考えると、ピークロードプライスの利用を全く排除するのもいかがなものかと思われる。

ピーク料金を高くすることには、これ以外にも経済的なメリットがある。ピーク時の利用者数を減らすことができれば、運行する車両の数も減らせる。鉄道会社が保有する車両はピークの需要に合わせている。もしピークの利用が減れば、それだけ車両の数を減らすことができ、鉄道事業の固定費を削減できる。

人口減少と過疎化によって、地方の鉄道事業の採算性が悪化している。それでも地域の鉄道をできるだけ維持しようと考えるなら、大都市圏での鉄道の固定費を削減して利益を確保し、その一部を地方路線の赤字補填に回す必要がある。固定費を削減する上で、ピークの需要を減らすことは有効に機能するはずだ。

ピークロードプライスを進めていくと、お盆や正月の料金をどうするのか、という点にも関心が集まる。お盆と年末年始しか休暇が取れないという人には、その時期の料金が上がることは困るだろうが、働き方改革を進めて、オフピークの安い料金で長距離での鉄道移動ができる人が増えるように、ライフスタイルを変えることも必要だろう。

視点⑧

「ピークロードプライス」を鉄道にも導入する方向で検討しているようだ。ラッシュ時は高くなるが、オフピークに需要が移動し、運行する車両の数を減らせば、固定費を削減できるメリットもある。

インフレの今、PBに注目が集まる理由

昨今の原材料価格の高騰や円安を受けて、食品メーカーは値上げを続けるという苦しい選択を迫られている。そうした中、大手小売業が仕掛けるPB（プライベートブランド）商品が健闘している。小売業も、この機会にPBの幅を広げようとしている。インフレの足音がひたひたと迫って来る中で、消費者が防衛的になっている。価格の安いPB商品に需要がシフトしていくのは理解できる。

ただ、よく考えると、今の経済状況でPB商品が増えているのは説明が難しい面もある。そもそもPBは円高局面で日本の物価が非常に高くなっていた時、その価格を破壊するような形で小売業が海外から商品や原料を調達したことで広がったものだ。要するに、PBは、かつては円高によって拡大したものであったのだ。

極端な円安局面では、日本のメーカーが生産するナショナルブランドであるか、海外から原料や商品を調達するＰＢであるかにかかわらず、そのコストが高くなっていることに違いはない。ＰＢが広がっていくとすれば、その原因は円安でも原材料高でもなく、インフレそのものであると言ってよいだろう。価格に敏感になった消費者が、ＰＢをもり立てているのだ。

重要なことは、ＰＢは今のような環境でも、ナショナルブランドと競争できるような商品となりうるのかどうかと言うことだ。

衣料品や家具などの商品では、小売業が仕掛けたＰＢがナショナルブランドを席捲していった。ユニクロやニトリなどのＳＰＡ（製造小売業）の躍進がそれを物語っている。こうした動きがなぜ食品分野で起きないのか、不思議に思っていた人も多いはずだ。米国の大手スーパーの店頭では、ＰＢ商品がもっと多く並んでいる。小売店の再編が進み、小売業がＰＢ商品を大々的に展開する余地が大きいからだろう。また、米国の消費者は以前ほどメーカーのブランドにこだわらなくなってきた。

では、日本は米国などの後を追いかけていかないのだろうか。衣料品や家具で起きている現象が食品で起きないという理由はない。小売業の再編などで寡占化《かせんか》が進んでいることもこうした動きを後押しする。

より多くの消費者がインフレを意識するようになれば、相対的に低価格であるPB商品が拡大するチャンスは広がる。デフレが小売業の産業構造を変えたように、インフレも産業構造を変えるきっかけになる。小売業にとってPBを拡大するチャンスが来ているのだ。

では、ナショナルブランドのメーカーには何が求められるのか。価格に敏感になった消費者を納得させるだけのブランド力が求められる。より価値の高い商品を次々に開発する力こそがブランドの原動力だろう。いくら優れた商品でも、PB商品と差別化できないものでは、ブランド価値は劣化していく。

いずれにしても、インフレの中で、大量生産・大量販売を仕掛けるPB商品と、差別化や商品開発力でブランド価値を高めたいメーカー品との競争が激しくなれば、消費者にはありがたいものではある。

視点⑨
インフレになりつつある中で、価格の安いPB商品が増えてきている。消費者としては、安価なPB商品とブランド力のあるメーカー品と選択肢が増えてありがたい。

第7章

気候変動問題を解決するグリーン・エコノミー

気候変動問題を経済学はどう捉えるべきか

気候変動の問題は経済学では外部性とか外部効果と呼ばれる現象である。私たちが日々行っている経済活動が、温室効果ガスの蓄積を通じて地球環境を破壊するのだ。温暖化が進むことで、北極などの氷が溶けて低地は海面下に消えてしまう。熱帯地域の海水温が上がり、これまで経験したことがないような激しい台風が襲ってくる。マラリアなどの熱帯性の病気が温帯地域にも広がる。農業にも深刻な影響が及ぶ。

外部性というのは、私たちが生活をするときに、そうした影響を考えないで活動することから生まれる問題だ。一人ひとりは自分の利害にそって行動をしているのだが、それが結果的には私たちに深刻な影響を及ぼす。

やっかいなのは、この外部性が同世代で起きるだけではないことだ。今の私たちの行動が何十年か後の世界の人たちに深刻な影響をもたらす。今、何も対応をしなければ２０５

０年、あるいは３０００年の頃には大変なことになっている。その時の人々は困るだろうが、私たちの世代の多くはその頃にはこの世にいない。そうなると、加害者は私たちであり、被害者は将来の人たちということになる。

スウェーデンの16歳（２０１９年当時）の環境保護活動家グレタ・トゥーンベリさんは、ヨットで大西洋を渡り、ニューヨークでの国連の気候変動会議に参加したことで話題になった。飛行機では温室効果ガスを排出するというメッセージが込められているのだろう。彼女の主張が世界の多くの若者に支持されるのは、若者は気候変動の被害者となりうるからだ。加害者は私たち世代であり、被害者は若者であるということだ。

もっとも加害者ということになると、時代をもっとさかのぼることができる。２００年以上前の産業革命の時代から、人類は石炭などを燃やし続け、それが温室効果ガスを蓄積させてきた。そうした過去の経済活動のつけも大きい。途上国が先進国を批判して、「これまで温室効果ガスを出してきたのは先進国なのに、途上国に過度な排出抑制を求めて経済的に困窮させるのは困る」というのも説得性のある議論である。

このように、気候変動の問題は時代と空間を超えた壮大な規模の外部効果であり、その加害者と被害者も錯綜している。経済活動をしている限り、今の全ての人が加害者であるといってもよいかもしれない。これを是正することは容易なことではない。ただ、何も行動を起こさなければ事態は深刻になるばかりである。

今、この気候変動の世界で大きな変化が起きつつある。欧州や米国で気候変動への対応を加速化させようという動きが強まっている。日本もそうした動きから無縁であることはできない。日米欧という先進国の経済外交においても、日本が気候変動対策としてどれだけの強い姿勢を見せるのかが注目されている。もっとも政府だけでことが動くわけではない。私たち市民の一人ひとりがこの問題をどこまで深刻に受け止めているのか、その覚悟が問われているのだ。

視点 1

50年後、100年後の地球を守るために、私たち一人ひとりが覚悟を持って行動しなければならない。過激な環境保護活動家たちが多くの若者に支持されるのは、彼らが気候変動の被害者だからだ。

なぜグリーン投資は重要なのか？

家計、企業、政府間の資金の動きを見ると、日本経済の構造がよくわかる。日本経済が順調な時には、家計部門が潤沢な貯蓄を行い、その資金が企業の旺盛な投資を支えた。当然、企業部門は貯蓄よりも投資が大きい状況だった。

では現在はどうだろうか。家計部門の純貯蓄は減少傾向にある。純貯蓄とは貯蓄から投資を引いた額である。人口の高齢化が進む中で、資産を取り崩して引退後の生活をまかなう人の割合が増えて、家計部門全体で見ると新たに貯蓄を増やすという純貯蓄が減少していく傾向にあるのだ。

驚くべきことに、この20年ほど、企業の純貯蓄は非常に大きくなっている。つまり日本の企業全体で見ると、貯蓄として残すお金の方が投資に回すものよりも大きいのだ。日本の企業は投資や賃上げに十分なお金を使わないで、内部留保だけ増やし続けていると批判されることが多いが、企業の巨額の純貯蓄はその結果である。背景には、将来の経済への見通しが暗く、投資先もなかなか見つからないという企業の事情がある。

では、この企業の純貯蓄の資金はどこに回っているのだろうか。実は、政府の資金繰りにそれが使われている。政府は毎年巨額の財政赤字を出している。これは政府が外からお金を借り続けているということである。つまり政府の純貯蓄は大幅なマイナスである。企業がお金を貯め、それを政府が使うという構図になっている。

こうした状況は、日本の将来に明るい未来を約束するものではない。企業の投資が乏しいので、日本経済の成長力は非常に弱くなっている。政府の赤字であるが、その多くは医療や介護などの社会保障に回っている。将来への投資というよりは足元の社会保障費の不足をまかなっているのだ。

こうした閉塞状態から脱却するためには、何よりも企業にもっと投資をしてもらうことが必要だ。ただ、企業関係者からは投資先がない、という声だけが聞こえてくる。ここに、環境問題への対応策の重要性がある。菅前首相は２０５０年までに温暖化ガスの排出をネットでゼロにするという目標を掲げた。これを実現しようとすれば、再生可能エネルギー、電気自動車、水素ネットワークなど、さまざまな分野に巨額の投資が必要となる。

温暖化ガスを排出し続ければ地球環境は大変なことになるので、そうした投資はいずれはしなくてはならない。それなら、コロナ危機からの景気回復を促進するためにも、投資を急げばよいのだ。欧州では、グリーン投資は環境問題を解決するための費用ではなく、経済の成長力を高める原動力となると見ている。米国でもグリーン投資は増えるだろう。日本もその動きを加速化しなくてはならない。

ただ、企業の投資が増えていけば、政府の財政赤字を支える企業の純貯蓄がなくなってしまう。政府は赤字を垂れ流し続けることができなくなる。そこで社会保障制度を守るための財源の確保が必須となる。グリーン投資と社会保障制度の改革はつながっているのだ。

視点②

投資や賃上げをせず内部留保を増やし続ける日本企業。経済の成長力を高めるためにも企業の純貯蓄からグリーン投資に誘導し、政府の財政赤字を減らさなければならない。

グリーン投資で日本経済はこんなに成長する！

技術革新のスピードが速くなるとき、社会や産業の姿は大きく変わる。そして社会の姿が変わるときには、技術革新のスピードも速くなる。経済学者はこうした減少をダイナミックな規模の経済性と呼ぶ。

半導体の産業がその典型だ。学習曲線効果（ラーニングカーブ）というものが強く働き、累積の生産量が大きくなるとともに半導体の生産費用が劇的に下がっていく。今や、半導体は産業のコメとも言われるように、あらゆる分野で大規模に利用される。２０２１年、半導体メーカーのルネサスエレクトロニクスの茨城工場の火災で、世界中の自動車生産に影響が出るという一つの事例を見ても、半導体のコスト低下と生産量の拡大が社会の中に深く入り込んでいることがわかる。

技術革新とその成果の社会への浸透の間のダイナミズムは、社会や産業の姿を大きく変えるチャンスとなる。そしてそのメカニズムを通じて、技術革新のスピードを速めることができる。こうした動きが、気候変動対応の世界で起きつつある。

ダイナミックな規模の経済性のマグニチュードを見るためには、例えば過去10年にどれだけの費用低下（あるいは性能の向上）と累積生産の拡大が見られるのかを調べるのがよい。２０２１年３月に行われた「第１回気候変動対策推進のための有識者会議」でブルームバーグＮＥＦの黒崎美穂氏が提出されたデータは、まさにこの分野での動きを見る上で有益なものだった（内閣官房のサイトで、「気候変動対策推進のための有識者会議」の資料の中で見ることができる）。

黒崎氏の提示したデータは、太陽光発電モジュール、陸上風力発電タービン、リチウムイオン電池について、その価格の推移と累積導入量（需要）の推移を示している。この10年で太陽光モジュールは89％、風力タービンは59％、そしてリチウムイオン電池は89％の価格低下が見られる。そしてその間に、それぞれで累積需要の急速な拡大が見られる。教科書で説明されるダイナミックな規模の経済性がまさに起きている。

このスピードで変化が起きていることは日本にとっても重要な意味を持っている。まず、この流れに乗り遅れてはならないということだ。気候変動問題に対応するために重要であることはもちろんだが、日本の産業が国際競争力で遅れることがあってはならない。

かつて、気候変動対策は社会にとって大きな費用負担であると言われた。費用を一定と考えればそうだろう。しかし、気候変動の問題に大々的に取り組むほど大規模な費用低下が見られる世界では、気候変動対策が社会にとって費用だけとは言えないはずだ。

気候変動対策が社会的費用ではなく、日本の成長戦略として考えるべきだと言われるが、そこで重要な鍵を握るのが技術革新のスピードである。技術革新の波に乗れ、というのが成長戦略を進める上でキャッチフレーズとなるべきだ。そのためには、まずはできるだけ多くの企業がすでに世界的に起きている技術の変化の現実をきちっと認識し、未来志向での投資を進めていくことだろう。

視点③

世界の技術革新のスピードに乗り遅れてはならない。生産費用が下がる「ダイナミックな規模の経済性」が次々と実現する中、国際競争力を損なうことなく、未来志向の投資を進めてほしい。

「付け焼き刃」のグリーン投資に陥るな

マーケティングの大家であるフィリップ・コトラーは、マーケティングについて次のようなコメントをしている。私なりの解釈が入っているかもしれないが、「マーケティングとは自分の扱う商品やサービスをもっと多く販売するための手練手管ではない。自分が信じる価値が何かを明確にして、それを顧客と共有する作業である」という趣旨だ。

非常に重要な指摘だと思う。価値というレベルまで踏み込まないと、顧客が本当に評価するような商品やサービスを提供することは難しいということだろう。

ではどのような価値があるのだろうか。食品メーカーであれば、健康がキーワードとなるかもしれない。自動車であれば、安全や信頼性かもしれない。ネット小売業やコンビニであれば、便利ということも重要になるだろう。

そうした中で、ここにきて全ての業種で重要性が増している価値がある。

それは環境だ。グリーンと言ってもよいかもしれない。気候変動に対応するため、温暖化ガス排出を抑制する動きが世界中で強化されようとしている。欧州や米国での動きを見ると、社会全体がグリーンを強化する流れとなっている。日本はその流れにどちらかといえば遅れていたような面もあるが、今後は日本でも動きが加速するだろう。

こうした流れは政府が主導しているように見えるかもしれない。しかし欧州などで顕著なように、市民の意識の高まりがその背景にはある。グリーン志向を強める市民との価値の共有が、企業にとってもますます重要になってくるのだ。

消費者や投資家のグリーンへの意識が大きく変化していく中で、そうした「顧客」とグリーンについての価値をどう共有していくのかが、企業のマーケティングの中で重要性を増してくる。コトラーの議論を借りれば、グリーンへの対応を小手先の手練手管と考えていたのでは、本当の意味でのグリーンマーケティングにはならない。企業の側で、自分たちがグリーンという価値に対してどのような考え方を持っているのか、それを企業の活動にどう生かしていくのかという姿勢が問われている。

企業も社会の一員であり、グリーンに対する姿勢が問われているのだ。そして、言うまでもないことだが、そうした価値を顧客と共有できれば、そこにマーケティングとしても大きな成果が得られるはずだ。

多くの企業でＳＤＧｓへの本格的な取り組みが始まっている。会社全体としての方向性を明確にするために推進本部を設ける企業も増えている。温暖化ガス排出ゼロに向けたグランドデザインを示す企業も多い。企業の社会貢献という狭い範囲の活動ではなく、企業経営の根幹に関わる課題として捉えることが問われているのだ。

付け焼き刃でできることではない。本格的な対応には時間もかかるだろう。だからこそ一刻も早い取り組みが必要となる。

視点④
多くの企業が本格的にＳＤＧｓに取り組もうとしている。グリーン志向についても、単なる社会貢献という範疇ではなく、企業経営の根幹に関わる課題として臨む姿勢が求められる。

日本のリサイクル市場はどうなるか

2050年までに温暖化ガス排出を実質ゼロにするとの方向が提示され、産業界ではさまざまな動きが起きている。個別企業の動きも重要だが、市場の新しい動きに注目したい。商品やサービスの市場では、企業の環境問題への姿勢についての市民の評価が重要だ。

だから企業もグリーンマーケティングを真剣に進める必要がある。投資市場の世界では、企業の環境対応の評価が資金調達や株価に強い影響を持つようになってきた。今回は部品や素材などの市場でも、新しいグリーン市場が生まれてくることを取り上げたい。

プラスチックのリサイクルについて、興味深い話を専門家から聞く機会があった。自動車などの製品では、多くのプラスチック素材が利用されている。それをリサイクルするとはいっても、その多くは発電などの目的で燃やされるようだ。

プラスチック廃棄物を処理するということ、そして資源として再利用するという意味では意義があるが、本当の意味でのプラスチックの再利用ではないし、燃焼によって二酸化炭素を出してしまう。プラスチック廃棄物を燃料にするのではなく、元のプラスチック素材を再生素材として利用する方が好ましい。紙でも再生紙が出回っているように、プラスチック素材も再生可能である。専門家はこうした再生をマテリアルリサイクルと呼ぶ。

残念ながら日本では、自動車のように大量にプラスチックを利用している業界でも、マテリアルリサイクルがあまり進んでいないようだ。コスト的にも技術的にも課題があるのだろう。ただ、欧州では自動車素材でもマテリアルリサイクルが相当に進んでいる。

なぜ欧州で実現できて、日本ではできないのだろうか。

他の多くの環境問題と同じように、日本は欧州に学ぶ必要があるようだ。欧州では自動車メーカーが自ら積極的に再生利用のプラスチックを利用すると決めているようだ。そうした動きを促進するように、政府も積極的に働きかけている。こうした再利用の市場を育成していくことで、大きな雇用を生み出すことができるとの試算もあるらしい。さらには、そうした行動に前向きな企業は市民や投資家から高い評価を得られる。欧州ではグリーンマーケティングが極めて重要なのだ。

日本でこうしたプラスチックのマテリアルリサイクルの市場を育成していくためには、自動車メーカーの行動が鍵となる。自動車メーカーが再生プラスチックを大量に利用すれば、そこに市場が生まれる。

廃車を分解して資源を再利用していく、いわゆる静脈流通の流れの中に、マテリアルリサイクルが収益性を持ったビジネスとして成立するようになることが期待できる。

自動車リサイクル預託金を活用して、解体粉砕業者にマテリアルリサイクルの市場へ積極的に参画することを促すことも有効だろう。何よりも、国民の多くがリサイクル市場の重要性を理解し、盛り上げていくことが必要である。

視点5

2050年までに温暖化ガス排出を実質ゼロにする方向で世界が動いている。遅れ気味の日本は、自動車メーカーが積極的に再生プラスチックを利用し、リサイクル市場を盛り上げていかなければならない。

サステナビリティはすでに世界の常識だ

先日、ある企業のグローバル会議で欧州のかたが興味深い発言をしていた。今や欧州では持続可能性（サステナビリティ）について積極的なビジョンを打ち出せない企業は優秀な人材を採用することはできない、と言う。持続可能性とは、環境問題への対応、多様性への取り組み、生態系の維持など、地球環境や社会環境への多様な取り組みを総称したものだ。この企業の会議でも、持続可能性についてのグローバル戦略について議論を行っていたところだった。

若い大学生と接する機会が多い私のような者にとっても、この発言が実感としてよく理解できる。大学の少人数の演習で学生にテーマを自由に選んでもらってリポートを書いてもらうことがあるが、多くの学生が気候変動問題、海洋の汚染、貧困や格差などの問題を取り上げる。若い人たちがこうした地球環境や社会の問題に関心を持つのは大いに結構だと私などの年配者は年寄りの目線で考えてしまうが、若者たちは年配者よりもずっと真剣であるし、そこで出てくる議論には至極参考になるような斬新な視点があることが多い。

考えてみれば、気候変動や海洋汚染や生命多様性の喪失などは、若い世代により大きな影響が及ぶ問題である。自分たちの将来のことを少しでも真剣に考えるのであれば、これらの問題について学生たちが積極的に取り組もうとするのは自然なことでもある。

スウェーデンの10代（当時）の環境保護活動家グレタ・トゥーンベリさんがダボス会議などの国際的な舞台で気候変動問題への主要国の対応の遅さを批判して活動している姿が広く報道されていた。彼女の活動は多くの若者の共感を獲得しているようで、欧米を中心に気候変動についての若者の活動は活発である。

ＳＤＧｓの活動の影響もあってから、日本でもようやく持続可能性への関心が高まってきた。ＳＤＧｓに対する企業の対応も活発になってきた。ただ、世界の動きはさらに速いものであり、日本の企業がそれに乗り遅れて困難に陥ることもある。石炭の利用については欧米から批判を受けてきたが、ここにきて石炭の利用について大きく方針を転換することを余儀なくされる企業が出てきている。人権問題もＳＤＧｓに関連する重要な問題であるが、新疆ウイグルの綿製品の会社を利用したと疑われて米国への輸出を一部差し止められたユニクロのケースなども、事実がどうかは別として、こうした問題について企業はその対応で透明性を強化することが求められる。

気候変動問題に戻るが、この課題では地域での活動が重要であると言われる。地域内のあらゆる活動で、どこまで温室効果ガスの排出を抑えることができるのかが問われている。地域の企業や政府の役割が重要であることはもちろんだが、何よりもこうしたテーマでより多くの地域の若者が積極的に活動に参加するようになることを期待したい。私たちの地域の将来には地域の若者がもっと声を上げるべきであるのだ。

視点⑥

「サステナビリティ（持続可能性）」とは環境問題・多様性・地球環境への多様な取り組みなどを指す。これらに対して積極的なビジョンを持たない企業は、日本でも早晩、衰退していくだろう。

カーボンプライシングをダイナミックに運用せよ

2022年5月に訪英した岸田文雄首相は、ロンドンでの講演で成長志向型の「カーボンプライシング」の活用に触れた。経済活動による二酸化炭素（カーボン）排出に価格（プライス）を設定して排出企業などに負担を求め、市場経済が生んだ温暖化問題という「市場の失敗」は市場で是正していこうというメッセージだ。政治のリーダーがカーボンプライシングに言及した意味は大きい。ただ、具体的には炭素税、排出権取引など多様な手法があり、今後の議論を待たなくてはならない。反発も予想され、制度設計は丁寧な議論が必要だ。ここでは状況に応じて価格を変えていく、「ダイナミック・プライシング」（動態価格）について考えたい。

炭素税を例に説明しよう。経済活動によって二酸化炭素が大量に排出される。この「市場の失敗」を是正するため炭素燃料の利用に税金を課す。これが炭素税の考え方だが、排出量を抑えるためには、厳しい課税が必要になる。しかし、いきなり高額の税を課せば、化石燃料に依存する企業は経営が成り立たなくなり、強く反対するだろう。高い炭素税を課すか、炭素税を諦めるかの二者択一であれば、厳しい選択である。

そこで重要となるのがダイナミック・プライシングだろう。当面は、排出のプライスを低く設定することで、炭素税を低くとどめ、少しずつその税率を引き上げ、将来どこかの時点で高税率に持っていくという政策はどうだろうか。将来は高い税率となるので、どの企業もそれに対応するために、水素や再生可能エネルギーなど新しい技術への投資を急ぐ。さもないと将来、生き残ることはできないからだ。当面の税率は低いので、利益を上げて将来への投資を行う余裕もできるだろう。

成長志向型のカーボンプライシングは、企業が将来の高い税率に対応するため積極的に投資を行い、成長しながら脱炭素社会を実現する。それを促すのがダイナミック・プライシングなのだ。

こうした思考は、排出権取引でも成り立つ。排出権取引とは各企業に二酸化炭素排出量の枠を割り振り、排出量が枠を超えた企業は、枠内にとどまった企業から排出の権利を購入するという仕組みである。その排出権の売買価格がカーボンプライスだが、ここでも、はじめは特定の業種には排出量の枠を大きく認めるのである。鉄鋼産業などは、最初から厳しい排出削減を求められると、経営が成り立たない。ただ、将来的に日本全体で排出量を「ゼロ」にするためには、これらの産業でも排出量の大幅な削減が求められる。そこで当初は排出の枠を潤沢に認めながらも、将来的に枠を厳しく絞っていく。そうすれば、これらの産業も水素など新しい技術への投資を加速するようになろう。

「悪魔は細部に宿る」と言われるが、社会制度の設計では、どんな予想不可能な問題が潜んでいるかわからず、詳細が重要となる。成長志向型のカーボンプライシング実現のためには、ダイナミックなプライス運営が必要だ。

視点⑦

岸田首相は2022年5月の訪英で「カーボンプライシング」について言及した。今後さらに議論を深めなければならないが「ダイナミック」な価格運営をし、脱炭素社会を目指さなければならない。

本書の第２章以降は、『日経MJ』連載の「伊藤元重のエコノウオッチ」の2021年１月～2022年10月までの記事、および『静岡新聞』連載の「論壇」の2020年11月～2022年９月までの記事を厳選し、下記の記事を合わせて加筆・修正の上、１冊にまとめたものです。

『産経新聞』連載「日本の未来を考える」
2021年10月25日（第２章・86～88ページ）

『産経新聞』連載「日本の未来を考える」
2022年３月27日（第５章・161～163ページ）

『産経新聞』連載「日本の未来を考える」
2022年７月31日（第２章・110～112ページ）

『産経新聞』連載「日本の未来を考える」
2022年８月28日（第７章・218～220ページ）

『産経新聞』連載「日本の未来を考える」
2022年９月26日（第５章・167～169ページ）

『産経新聞』連載「日本の未来を考える」
2022年10月24日（第３章・125～127ページ）

『日経ヴェリタス』連載「異見達見」
2021年８月１日（第２章・89～93ページ）

『日経ヴェリタス』連載「異見達見」
2021年11月14日（第２章・94～98ページ）

『日経ヴェリタス』連載「異見達見」
2022年４月３日（第３章・117～121ページ）

『読売新聞』連載「地球を読む」
2022年１月30日（第２章・80～85ページ）

『読売新聞』連載「地球を読む」
2022年８月28日（第２章・102～106ページ）

状況などはなるべく本書発刊時のものに合わせましたが、一部連載時点のままのものもありますので、ご了承ください。

PHP
Business Shinsho

伊藤　元重（いとう・もとしげ）
東京大学名誉教授。1951年静岡県生まれ。東京大学大学院経済学研究科教授、総合研究開発機構（NIRA）理事長、学習院大学国際社会科学部教授等を経て現職。安倍政権の経済財政諮問会議議員も務めた。経済学博士。専門は国際経済学、ミクロ経済学。ビジネスの現場を歩き、生きた経済を理論的観点も踏まえて分析する「ウォーキング・エコノミスト」として知られ、現在も多数の企業の社外取締役を務める。
『ビジネス・エコノミクス』（日本経済新聞出版）、『ネットニュースではわからない本当の日本経済入門』（東洋経済新報社）など著書多数。

PHPビジネス新書 455

世界インフレと日本経済の未来
超円安時代を生き抜く経済学講義

2023年3月1日　第1版第1刷発行

著　者　伊藤元重
発行者　永田貴之
発行所　株式会社ＰＨＰ研究所
東京本部　〒135-8137　江東区豊洲5-6-52
ビジネス・教養出版部　☎03-3520-9619（編集）
普及部　☎03-3520-9630（販売）
京都本部　〒601-8411　京都市南区西九条北ノ内町11
PHP INTERFACE　https://www.php.co.jp/
装幀　齋藤　稔（株式会社ジーラム）
編集協力
組版　株式会社PHPエディターズ・グループ
印刷所　大日本印刷株式会社
製本所　東京美術紙工協業組合

ISBN978-4-569-85411-3

「ＰＨＰビジネス新書」発刊にあたって

わからないことがあったら「インターネット」で何でも一発で調べられる時代。本という形でビジネスの知識を提供することに何の意味があるのか……その一つの答えとして「**血の通った実務書**」というコンセプトを提案させていただくのが本シリーズです。

経営知識やスキルといった、誰が語っても同じに思えるものでも、ビジネス界の第一線で活躍する人の語る言葉には、独特の迫力があります。そんな、「**現場を知る人が本音で語る**」知識を、ビジネスのあらゆる分野においてご提供していきたいと思っております。

本シリーズのシンボルマークは、理屈よりも実用性を重んじた古代ローマ人のイメージです。彼らが残した知識のように、本書の内容が永きにわたって皆様のビジネスのお役に立ち続けることを願っております。

二〇〇六年四月

ＰＨＰ研究所